中国当代民间史料集刊 5

华东师范大学中国当代史研究中心 编

花岭大队表格

本集刊出版获得东方历史学会资助

中国出版集团 東方出版中心

出版说明

《中国当代民间史料集刊》是一套记录1949年以来中国历史的资料丛书，由本中心组织编辑。这套丛书收录的是流散于社会的各种民间文献，包括日记、笔记、记录、信函、小报、表格、账册、课本等等。与已经出版的许多中国当代史资料不同，这套丛书以反映社会底层的政治、经济、文化状况和日常生活、人际交往、家庭关系、个人境遇等为内容，为读者提供记录底层历史变迁的原始资料。

相对于中国古代和近代各种民间史料，中国当代民间史料数量更大，种类更多，抢救、发掘的难度理当比前者要小得多。但实际的情况却颇不乐观。由于在相当一段时间里政治运动频发，特别是经历过"文化大革命"以后，许多私人记录性史料大量抄没、毁坏或遗失。而各种运动过后，尤其是改革开放初期"拨乱反正"，也曾将大量个人材料交还个人处理，或由组织代为销毁。再加上单位变动频繁，过去曾经保存在单位里的各种油印资料或个人记录材料，也不断地被处理或销毁。所有这些都使得原本应该浩如烟海、取之不尽的当代民间史料，如今竟成急需抢救的"国宝"。

近十几年来，意识到并重视当代史料搜集和抢救工作的民间人士和专业研究者，已不在少数。但十分遗憾的是，这方面的工作迄今为止仍处于一种分散游击、割据自守的状况。由于收藏者多将自己搜集到的史料藏诸深山、秘不示人，从而使得原本就显得十分稀少的民间史料愈显其缺。

历史研究，关键在史料。当代史料通常有几类，一是官方档案文献；二是口述或回忆；三是影像或录音：四就是民间记录的各种文字材料了。在所有这些史料当中，官方档案的形成、留存和开放，都难免会受到时政的极大影响，因而具有很大的片面性；口述回忆史料因时过境迁，加之当事人的主观意向和记忆误差，也极易造成对历史的误读。至于影像录音之类的史料价值，自然局限更为明显。因此，当代史料当中最大量的，也是最能够真切反映社会当时各种情况的，恰恰是这些民间史料。如今，当代中国历史的研究正方兴未艾，已有越来越多的学者和学生开始关心和研究当代历史的问题了，但因为民间史料查找不易，除极少数近水楼台者外，真正能够利用民间史料来做研究的学者和学生，还寥寥无几。

本中心成立不久，但深信应该在这方面有所建树。因而不惜大家动手，不取分文，费时费力并以极为有限的财力资源，编辑出版这样一套丛书，以利推动民间史料的整理与出版，进而逐渐打破现在史料收藏过于分散、难以利用的情况。

必须说明的是，本中心在民间史料搜集上着手较晚，故我们所推出的史料无论从面上，还是从点上，都不成系统。同时，由于整个当代史料的整理和出版工作在全国范围也都还只是处于起步阶段，无论编辑还是出版工作都还有一个摸索适应和逐渐规范的过程，因此，在许多方面都难免存在着缺失甚或不当之处。凡此种种，还有望各方读者包括原文作者及时提醒和指正。

本丛书的编辑，遵循反映历史原貌的原则，各种文献一律按照原文体例、格式、文字录入编辑。文献中的错别字以［ ］符号订正，漏字以（ ）符号填补，衍字以〈〉符号注明，辨认不清的字以□符号标明，明显语句不通处用括号说明，当加标点而未标点处仍依原文。出于维护原始资料所有者名誉的考虑，书名隐去了单位或个人所在地名称，请读者谅解。

这套丛书由韩钢、杨奎松主编。《花岭大队表格》原系该大队的表格资料，现由葛玲校对并整理。

华东师范大学中国当代史研究中心

2010 年 7 月

目　录

花岭大队干部花名册登记表

卷　　宗

调除委员会

花岭大队

花岭大队干部花名册登记表

队　名	姓　名	性　别	年　龄	成　分	是否党团员	现任职务
	吴家来	男	40	贫	党	调除主任
	何昌汉	男	30	中	党	委　员
	赵山林	男	24	中	团	委　员
	杜长富	男	37	中	党	委　员
	代善有	男	40	贫		委　员

大队管理委员会

花岭大队

花岭大队干部花名册登记表

队　名	姓　名	性　别	年　龄	成　分	是否党团员	现任职务
	马后林	男	34	贫	党	大队支书
	马王模	男	43	中	党	大队队长
	吴家来	男	42	贫	党	委　员
	王大义	男	34	贫		委　员
	潘西江	男	40	贫		委　员
	张金彦	男	26	贫		委　员
	何昌汉	男	30	中	党	委　员
	何彩云	女	19	中	团	
	邱唐善	男	24	中	团	会　计

妇女工作委员会

花岭大队

花岭大队干部花名册登记表

队　名	姓　名	性　别	年　龄	成　分	是否党团员	现任职务
	王苏琴	女	28	中	团	大队队长
	刘凤兰	女	19	贫		
	赵兰英	女	18	贫		
	何银芳	女	34	中		
	李金秀	女	30	贫		

信用社代表

花岭大队

花岭大队干部花名册登记表　63.3.9

队　名	姓　名	性　别	年　龄	成　分	是否党团员	现任职务
	吴家来	男	40	贫	党	信用代表
	潘西江	男	40	贫		信用代表
	赵山林	男	24	中	团	信用代表
	何坤明	男	40	中	党	信用代表
	王大义	男	34	贫		信用代表

出席公社代表

花岭大队

花岭大队干部花名册登记表

队　名	姓　名	性　别	年　龄	成　分	是否党团员	现任职务
	马后林	男	34	贫	党	代　表
	史央高	男				
	马玉模	男	43	中	党	代　表
	刘凤兰	女	19	贫		代　表
	何银芳	女	34	中		代　表
	何彩云	女	20	中	团	代　表

党团代表

花岭大队

花岭大队干部花名册登记表 63.3.9

队 名	姓 名	性 别	年 龄	成 分	是否党团员	现任职务
	马厚林	男	34	贫	党	代表(教书)
	马玉模	男	43	中	党	组织委员
	何坤明	男	30	中	中	宣 传
	邱堂善	男	24	中	团	支 书
	赵山林	男	24	中	团	组织委员代表
	何彩云	女	19	中	团	宣 传

生产队干部花名册

花岭大队

花岭大队干部花名册登记表 63.3.9

队 名	姓 名	性 别	年 龄	成 分	是否党团员	现任职务
山咀队	吴有来	男	40	贫	党	正队长
	邱声才	男	24	贫		付[副]队长
	何从亮	男	20	贫		会 计
	马后福	男	26	贫		保 管
乌飞沟	张金彦	男	26	贫		正队长
	赵山林	男	24	中	团	会 计
	王文正	男	17	贫		保 管
梨树沟	潘西江	男	40	贫		正队长
	陈德方	男	29	贫		保 管
	潘西江	男	40	贫		会 计
西 院	何昌水	男	29	中	团	正队长
	马玉合	男	35	贫		付[副]队长
	何昌春	男	18	中		会 计
	马厚民	男	22	中		保 管

续 表

队 名	姓 名	性 别	年 龄	成 分	是否党团员	现任职务
八里坡沟	王大义	男	30	贫		正队长
	杜长福	男	37	中		付[副]队长
	张汉来	男	18	中		会 计
	郭德才	男	50	中		保 管

花岭大队民兵情况表格

民兵登记册

花岭生产大队

1961.9.29 号

花坪公社花岭大队民兵登记花名册

部　别	现任民兵职务	姓　名	性别	年龄	基干或普通	家庭成份[分]	本人出身	复员转业军人职务	是否党团员	家庭住址
	连　长	马玉谋	男	41	普通	中农	务农		党	见龙沟脑
	副连长	王苏琴	女	25	基干	中农	务农		团	下　舍
	副连长	何昌水	男	28	基干	中农			团	下　舍
	指导员	吴家来	男	31	普通	中农			党	山嘴[咀]子
	副指导员	邱堂善	男	21	基干	中农			团	山嘴[咀]子
	副指导员	杜长富	男	38	普通	贫农			党	八里沟
	副排长	潘西江	男	38	普通	贫农				梨树沟
	副排长	赵山林	男	21	基干	贫农			团	见龙沟
	副排长	刘全兴	男	31	基干	贫农				山嘴[咀]子
基干班	副班长	刘来娃	男	19	基干	贫农				山嘴[咀]子
	副班长	马后福	男	22	基干	贫农				山嘴[咀]子
	战　士	马后文	男	19	基干	贫农				山嘴[咀]子
	战　士	邱声财	男	21	基干	贫农				山嘴[咀]子
	战　士	刘合尚	男	18	基干	贫农				山嘴[咀]子
	战　士	何崇良	男	29	基干	贫农				山嘴[咀]子
	战　士	赵秀莲	男	26	基干	贫农				山嘴[咀]子
	战　士	何崇亮	男	19	基干	贫农				山嘴[咀]子
	战　士	何毛子	女	17	基干	贫农				山嘴[咀]子
	战　士	王治来	男	28	基干	贫农			团	山嘴[咀]子
	战　士	何梅花	女	23	基干	贫农				山嘴[咀]子
	战　士	柯玉明	男	17	基干	贫农				共 21 人

花坪公社花岭大队民兵登记花名册

部别	现任民兵职务	姓名	性别	年龄	基干或普通	家庭成分	本人出身	复员转业军人职务	是否党团员	家庭住址
普通	班长	陈启林	男	41	普通	中农	务农			山嘴[咀]子
	副班长	何崇旭	男	39	普通	中农	务农			山嘴[咀]子
	战士	周双林	男	38	普通	中农	务农			山嘴[咀]子
	战士	沈有莲	女	27	普通	中农	务农			山嘴[咀]子
	战士	吴凤英	女	35	普通	贫农	务农			山嘴[咀]子
	战士	和兰英	女	29	普通	中农	务农			山嘴[咀]子
	战士	陈银花	女	38	普通	贫农	务农			山嘴[咀]子
	战士	王增英	女	27	普通	贫农	务农			山嘴[咀]子
	战士	柯大有	男	39	普通	贫农	务农			山嘴[咀]子
	战士	刘崇喜	男	43	普通	贫农	务农			山嘴[咀]子
	三班长	陈德方	男	28	基干	贫农	务农		团	梨树沟组
	副班长	代善有	男	31	普通	贫农	务农			梨树沟组
	战士	刘秀娃	女	17	基干	贫农	务农			梨树沟组
	战士	马黑女	女	17	基干	贫农	务农			梨树沟组
	战士	李梅英	女	26	基干	贫农	务农			梨树沟组
	战士	李金秀	女	27	基干	贫农	务农			梨树沟组
	战士	赵玫云	女	28	普通	贫农	务农			梨树沟组
	战士	张秀英	女	28	普通	贫农	务农			梨树沟组
	战士	李春秀	女	29	普通	贫农	务农			梨树沟组
	战士	田不俭	男	32	普通	贫农	务农			梨树沟组
	四班长	赵顺明	男	22	基干	贫农	务农			见龙沟组
	副班长	肖振东	男	41	普通	贫农	务农			见龙沟组
	战士	王文正	男	18	基干	贫农	务农			见龙沟组

花坪公社花岭大队民兵登记花名册

部　别	现任民兵职务	姓　名	性别	年龄	基干或普通	家庭成分	本人出身	复员转业军人职务	是否党团员	家庭住址
	战　士	赵双子	男	19	基干	贫农	务农			见龙沟组
	战　士	李新明	男	17	基干	贫农	务农			见龙沟组
	战　士	张金秀	男	23	基干	贫农	务农			见龙沟组
	战　士	周玫子	女	26	普通	贫农	务农			见龙沟组
	战　士	赵兰英	女	16	基干	贫农	务农			见龙沟组
	二排长	何昌汉	男	29	基干	中农	务农		党	陈　院
	副排长	王大义	男	31	基干	贫农	务农	退伍军人		八里坡沟
	副排长	何昌其	男	24	基干	中农	务农			下　舍
	副班长	何昌由	男	24	基干	中农	务农		团	下　舍
	副班长	何崇怀	男	21	基干	中农	务农			下　舍
	战　士	何昌贵	男	33	基干	中农	务农	退伍军人		下　舍
	战　士	何喜林	男	16	基干	中农	务农			下　舍
	战　士	赵长记	男	17	基干	中农	务农			下　舍
	战　士	贺安德	男	26	基干	中农	教员			丹风商填
	战　士	代善善	女	22	基干	中农	务农			下　舍
	战　士	王喜芸	女	21	基干	中农	务农			下　舍
	战　士	雷彩莲	女	25	基干	中农	务农			下　舍
	战　士	何彩琴	女	16	基干	中农	务农			下　舍
	战　士	鲍春芳	女	27	基干	中农	务农			下　舍
	战　士	何彩云	女	18	基干	中农	务农		团	下　舍
	战　士	李安成	男	25	基干	中农	务农			下　舍

花坪公社花岭大队民兵登记花名册

部　别	现任民兵职务	姓　名	性别	年龄	基干或普通	家庭成分	本人出身	复员转业军人职务	是否党团员	家庭住址
	战　士	田增英	女	31	普通	中农	务农			东　院
	战　士	郝冬秀	女	38	普通	中农	务农			东　院
	一班长	马后明	男	21	基干	中农	务农			见龙脑咀
	副班长	马家茨	男	29	基干	中农	务农			见龙脑咀
	战　士	马桂芳	女	16	基干	中农	务农			见龙脑咀
	战　士	马玉合	男	39	普通	中农	务农			见龙脑咀
	战　士	马小女	女	17	基干	贫农	务农			见龙脑咀
	战　士	明秀英	女	37	普通	贫农	务农			见龙脑咀
	战　士	李风英	女	31	普通	贫农	务农			见龙脑咀
	战　士	吴相娃	女	18	基干	贫农	务农			见龙脑咀
	战　士	马桂英	女	16	基干	贫农	务农			见龙脑咀
	三班长	何德正	男	42	普通	贫农	务农			八里坡沟
	副班长	郭来成	男	19	基干	贫农	务农			八里坡沟
	战　士	王大全	男	31	普通	贫农	务农			八里坡沟
	战　士	芭春莲	女	25	普通	贫农	务农			八里坡沟
	战　士	何桂芳	女	16	普通	贫农	务农			八里坡沟
	战　士	何娥子	女	31	普通	贫农	务农			八里坡沟
		何云英	女	29	普通	贫农	务农			八里坡沟
		焦成门	男	39	普通	中农	务农			八里坡沟
		张麦娃	男	37	普通	中农	务农			八里坡沟
		王中喜	男	18	普通	富农	务农			八里坡沟

填表单位：

表一　民兵基本情况统计表

填报时间61年9月29日

总户数 总数	总户数 其中 贫农	总户数 其中 下中农	总户数 其中 中农	总户数 其中 上中农	总户数 其中 富农	总户数 其中 地主	总人口 总计	总人口 其中 男	总人口 其中 女	总劳力 总计	总劳力 其中16至50岁的 男	总劳力 其中16至50岁的 女	适龄人数(16—45岁的) 总计	其中：(男16—45岁、女16—35岁的) 男	其中：(男16—45岁、女16—35岁的) 女	其中：五类分子 小计	其中：五类分子 其中：地	其中：五类分子 其中：富	其中：五类分子 其中：反	其中：五类分子 其中：坏	其中：五类分子 其中：右	不适应民兵条件 小计	不适应民兵条件 其中：精神病	不适应民兵条件 其中：瞎子	不适应民兵条件 其中：聋子	不适应民兵条件 其中：哑巴	不适应民兵条件 其中：跛子
60	18	23	11	6	2		284	152	132	103	63	40	7	5	2	4		2	1	1		3		1		2	

表二　民兵建制统计表

民兵总数 总计	其中： 男	其中： 女	其中： 其中：党员	其中： 其中：团员	其中： 其中：复退军人	其中：基干民兵 总计	其中：基干民兵 男	其中：基干民兵 女	其中：基干民兵 其中：党员	其中：基干民兵 其中：团员	其中：基干民兵 其中：复退军人	民兵组织建制 团 总计	团 其中：基干营	团 其中：	营 总计	营 其中：基干连	营 其中：	连 小计	连 其中：基干排	连 其中：	排 小计	排 其中：基干班	排 其中：侦察班	排 其中：通信班	班 小计	班 其中：基干组	班 其中：	班 其中：	班 其中：
86	50	36																1			2	1	6		7	1			

表三　民兵数、质量统计表

民兵干部数																										民兵数									
团							营							连							排					基干					普通				
指挥		政治		其中：			指挥		政治		其中：			指挥		政治		其中：			指挥		其中：			总计	其中：				总计	其中：			
正	付[副]	正	付[副]	基干	女干部	服过现役	正	付[副]	正	付[副]	基干	女干部	服过现役	正	付[副]	正	付[副]	基干	女干部	服过现役	正	付[副]	基干	女干部	服过现役		女民兵	服过现役	党员	团员		女民兵	服过现役	党员	团员
														1	2	1	2		1		2	4				12	3				74	33			4

注明：一、本表发至公社作为每个生产大队或生产队、在民兵整顿结束后作为花名册封面统计表。
　　二、上次在工委武装会议上发的封面表作废。(以)这些发的表项目要求为准。
　　三、本表要求在九月底上报工委一份。(附花名册)

民兵登记册

花岭大队

1962.3.28 号

初步登记不作用留存

共计 86 人，男 52，女 34

单位

花岭大队民兵登记册

1962 年 3 月 28 日

队别	职务	姓名	性别	年龄	家庭成分	是否党团员	基干或普通	受过何种军事训练	复转退伍军人			有关专业军事技术	备考
									军衔职务	军事专业			
										号码	名称		
一连	一连长	马玉谋	男	41	中	党	普通						
	指导员	吴家来	男	39	贫	党	普通						
	副指导员	邱堂善	男	22	中	团	基干						
	副指导员	何昌汉	男	29	中	党	基干						
	副连长	何昌水	男	28	贫	团	基干						
	副连长	王苏琴	女	26	中	团	普通						
一排长	正排长	潘西江	男	38	贫		普通						
	副排长	刘全宪	男	32	贫		基干	受过军事训练	兵	空军		现有技术	
	副排长	赵山林	男	22	贫	团	基干						
一班	正班长	马后福	男	23	贫		普通						
	副班长	陈启林	男	43	贫		普通						

单位

花岭大队民兵登记册

1962年3月28日

队别	职务	姓名	性别	年龄	家庭成分	是否党团员	基干或普通	受过何种军事训练	复转退伍军人			有关专业军事技术	备考
									军衔职务	军事专业			
										号码	名称		
战士		马后文	男	19	贫		基干						
		邱声财	男	22	贫		基干						
		刘合尚	男	18	贫		基干						
		何崇良	男	28	贫		基干						
		何崇夫	男	34	贫		普通						
		赵秀莲	女	27	贫		普通						
		沈秀莲	女	30	贫		普通						
		何崇亮	男	19	贫		基干						
		何毛子	女	17	贫		基干						
		程芸英	女	30	贫		普通						
		何梅花	女	24	贫		基干						

单位

花岭大队民兵登记册

1962 年 3 月 28 日

队别	职务	姓名	性别	年龄	家庭成分	是否党团员	基干或普通	受过何种军事训练	复转退伍军人			有关专业军事技术	备考
									军衔职务	军事专业			
										号码	名称		
		柯大有	男	42	贫		普通						
		陈银花	女	38	贫		普通						
		柯玉明	男	17	贫		基干						
		刘崇喜	男	44	贫		普通						
		王增英	女	30	贫		普通						
		王治来	男	29	贫		基干						
		刘来娃	男	19	贫		基干						
二班	正班长	陈德芬	男	29	贫		基干						
	付[副]班长	代善有	男	40	贫		普通						
	战士	刘秀娃	女	17	贫		基干						
		马黑女	女	17	中		基干						
		田富俭	男	33	中		普通						

单位　　**花岭大队民兵登记册**　　1962年3月28日

队别	职务	姓名	性别	年龄	家庭成分	是否党团员	基干或普通	受过何种军事训练	复转退伍军人			有关专业军事技术	备考
									军衔职务	军事专业			
										号码	名称		
		何昌贵	男	32	中		普通	受过军事训练	兵		陆军	无有	
		何喜林	男	16	中		基干						
		雷彩莲	女	26	中		普通						
		何坤明	男	38	中	党	普通	受过军事训练	兵		陆军	现有军事技术	
		贺安德	男	28	中	团	普通						
		赵长记	男	17	贫		基干						
		何彩琴	女	16	中		基干						
		何彩云	女	18	中		基干						
		李安成	男	25	中		基干						
		鲍春芳	女	27	中		普通						
		田秀英	女	18	中		基干						

花岭大队民兵登记册

单位　　　　　　　　　　　　　　　　　　　　　　1962年3月28日

队别	职务	姓名	性别	年龄	家庭成分	是否党团员	基干或普通	受过何种军事训练	复转退伍军人			有关专业军事技术	备考
									军衔职务	军事专业			
										号码	名称		
		郝冬秀	女	34	中		普通						
		田培英	女	29	中		普通						
二班	正班长	马后明	男	22	中		基干						
	付[副]班长	马永英	男	34	中	党	普通						
	战士	马桂芳	女	16	中	团	基干						
		马玉合	男	39	贫		普通						
		何昌春	男	17	中		基干						
		明风英	女	43	贫		普通						
		李风英	女	32	中		普通						
		马英子	女	16	中		基干						
		吴相娃	女	18	中		基干						

单位　　**花岭大队民兵登记册**　　1962年3月28日

队别	职务	姓名	性别	年龄	家庭成分	是否党团员	基干或普通	受过何种军事训练	复转退伍军人			有关专业军事技术	备考
									军衔职务	军事专业			
										号码	名称		
三班	正班长	何德正	男	43	中		普通						
	付[副]班长	郭来成	男	21	贫		基干						
	战士	王忠喜	男	19	富		基干						
		何桂芳	女	17	中		基干						
		何贵莲	女	32	中		普通						
		芭春莲	女	24	贫		普通						
		何兰英	女	29	贫		普通						
		张麦娃	男	39	贫		普通						

民兵登记册(花岭大队)　1962.4.3号

民兵登记案总情况

总人数85人,其中男53,女32,其中:基干总人数48人男16—30岁,30人女16—25岁,18人普通,总人数37人,男23人,女14人,其中党员5名,团员8名。共计1个连,2个排,6个班(班干部12名)排以上干部12名,连6名,排6名。

单位

花岭大队民兵登记册

1962年4月3日

队别	职务	姓名	性别	年龄	家庭成分	是否党团员	基干或普通	受过何种军事训练	复转退伍军人			有关专业军事技术	备考
									军衔职务	军事专业			
										号码	名称		
花岭大队	连长	何昌汉	男	29	中	党员	基干						
	副连长	赵山林	男	23	贫	团员	基干						
	副连长	王苏琴	女	25	中	团员	基干						
	指导员	吴泉来	男	31	中	党员	普通						
	副指导员	何坤明	男	38	中	党员	普通						
	副指导员	邱堂善	男	23	中	团员	基干						
一生产队	排长	潘西江	男	38	贫		普通						
	副排长	刘全宪	男	31	贫		基干	受过军事训练			空军	现有技术	
	副排长	刘西贵	男	19	贫		基干						

单位

花岭大队民兵登记册

1962年4月3日

队别	职务	姓名	性别	年龄	家庭成分	是否党团员	基干或普通	受过何种军事训练	复转退伍军人			有关专业军事技术	备考
									军衔职务	军事专业			
										号码	名称		
	班长	马后福	男	23	贫		基干						
	付[副]班长	陈启林	男	43	贫		普通						
	战士	马后文	男	19	贫		基干						
	战士	邱声财	男	23	贫		基干						
	战士	何崇亮	男	19	贫		基干						
	战士	柯玉明	男	18	贫		基干						
	战士	刘合尚	男	18	贫		基干						
	战士	何崇良	男	28	中		普通						
	战士	何崇失	男	34	中		普通						
	战士	王治来	男	29	中		普通						
	战士	柯大有	男	43	贫		普通						
	战士	刘崇喜	男	44	贫		普通						

单位

花岭大队民兵登记册

1962年4月3日

队别	职务	姓名	性别	年龄	家庭成分	是否党团员	基干或普通	受过何种军事训练	复转退伍军人			有关专业军事技术	备考
									军衔职务	军事专业			
										号码	名称		
	战士	赵秀莲	女	27	贫		普通						
	战士	沈秀莲	女	29	贫		普通						
	战士	何毛子	女	17	贫		基干						
	战士	何梅花	女	24	中		基干						
	战士	程兰英	女	30	中		普通						
	战士	陈银花	女	30	贫		普通						
	战士	王培英	女	28	贫		普通						
	班长	陈德芳	男	28	贫		普通						
	副班长	代善有	男	32	贫		普通						
	战士	田富俭	男	33	中		普通						
	战士	杨英贵	男	29	贫		普通						

单位

花岭大队民兵登记册

1962年4月3日

队别	职务	姓名	性别	年龄	家庭成分	是否党团员	基干或普通	受过何种军事训练	复转退伍军人			有关专业军事技术	备考
									军衔职务	军事专业			
										号码	名称		
	战士	刘秀娃	女	18	贫		基干						
	战士	马黑女	女	18	贫		基干						
	战士	李梅英	女	26	贫		普通						
	战士	李金秀	女	28	中		普通						
	战士	赵玫子	女	30	中		普通						
	战士	张秀花	女	29	贫		普通						
	战士	李春秀	女	27	贫		普通						
一生产队	三班长	赵顺明	男	23	贫		基干						
	副班长	肖振东	男	41	贫		普通	受过训练			陆军		

单位

花岭大队民兵登记册

1962年4月3日

队别	职务	姓名	性别	年龄	家庭成分	是否党团员	基干或普通	受过何种军事训练	复转退伍军人			有关专业军事技术	备考
									军衔职务	军事专业			
										号码	名称		
	战士	张金秀	男	24	贫		基干						
	战士	李新明	男	19	贫		基干						

续 表

队 别	职 务	姓 名	性别	年龄	家庭成分	是否党团员	基干或普通	受过何种军事训练	复转退伍军人			有关专业军事技术	备 考
									军衔职务	军事专业			
										号 码	名 称		
	战 士	赵双子	男	19	贫		基干						
	战 士	王狗子	男	23	贫		基干						
	战 士	王来狗	男	18	贫		基干						
	战 士	周玫子	女	27	贫		普通						
二生产队	排 长	王大义	男	71	贫		基干	受过军事训练			陆 军		
	副排长	杜长富	男	38	中	党员	普通						
	班 长	何昌其	男	24	中	团员	基干						
	副班长	何昌由	男	25	中	团员	基干						
	战 士	何崇怀	男	23	中		基干						

单位

花岭大队民兵登记册

1962 年 4 月 3 日

队 别	职 务	姓 名	性别	年龄	家庭成分	是否党团员	基干或普通	受过何种军事训练	复转退伍军人			有关专业军事技术	备 考
									军衔职务	军事专业			
										号 码	名 称		
	战 士	何昌水	男	28	贫	团员	普通						
	战 士	何昌贵	男	32	中		普通	受过军事训练			陆军		

续 表

队别	职务	姓名	性别	年龄	家庭成分	是否党团员	基干或普通	受过何种军事训练	复转退伍军人			有关专业军事技术	备考
									军衔职务	军事专业			
										号码	名称		
	战士	何喜林	男	17	中		基干						
	战士	贺安德	男	28	中	团员	基干						
	战士	赵长记	男	18	贫		基干						
	战士	李安成	男	24	贫		基干						
	战士	雷彩莲	女	25	中		基干						
	战士	代金善	女	23	贫		基干						
	战士	王喜兰	女	19	贫		基干						
	战士	何彩云	女	18	中		基干						
	战士	何彩琴	女	17	中		基干						
	战士	芭春莲	女	18	中		基干						

花岭大队民兵登记册

单位　　　　1962 年 4 月 3 日

队别	职务	姓名	性别	年龄	家庭成分	是否党团员	基干或普通	受过何种军事训练	复转退伍军人			有关专业军事技术	备考
									军衔职务	军事专业			
										号码	名称		
	战士	何春莲	女	19	中	团员	基干						
	战士	鲍春芳	女	24	中		基干						

续 表

队别	职务	姓名	性别	年龄	家庭成分	是否党团员	基干或普通	受过何种军事训练	复转退伍军人			有关专业军事技术	备考
									军衔职务	军事专业			
										号码	名称		
	战士	田增英	女	29	中		普通						
	战士	郝冬秀	女	30	中		普通						
	二班长	马后明	男	21	中		基干						
	副班长	王泉英	男	32	中		普通						
	战士	马玉合	男	39	贫		普通						
	战士	何昌春	男	19	中		基干						
	战士	马桂芳	女	17	中		基干						
	战士	马英合	女	16	中		基干						
	战士	吴相娃	女	18	中		基干						
	战士	李凤英	女	29	中		普通						

单位　　**花岭大队民兵登记册**　　1962年4月3日

队别	职务	姓名	性别	年龄	家庭成分	是否党团员	基干或普通	受过何种军事训练	复转退伍军人			有关专业军事技术	备考
									军衔职务	军事专业			
										号码	名称		
	班长	何德玉	男	43	中		普通						
	副班长	郭来成	男	23	贫		基干						

续 表

队 别	职 务	姓 名	性别	年龄	家庭成分	是否党团员	基干或普通	受过何种军事训练	复转退伍军人			有关专业军事技术	备 考
									军衔职务	军事专业			
										号 码	名 称		
	战 士	王忠喜	男	18	富		基干						
	战 士	张麦娃	男	31	贫		普通						
	战 士	何桂芳	女	17	中		基干						
	战 士	芭春莲	女	24	中		基干						
	战 士	刘桂凤	女	18	中		基干						
	战 士	何桂莲	女	29	中		普通						
	战 士	何兰英	女	32	中		普通						

花岭大队收益分配情况

一九六五年秋季现金予[预]分方案

公社批准定案

花 岭 大 队

1965 年 11 月 6 日

山咀子文艺队　　　　**收益分配表**　　　　1965 年 10 月 28 日

项　　目	金　额	占总收入%	项　　目	金　额	仅占人%	公社审批	备注
一、收入部分	2 610.00		三、分配部分	2 235.00			
(一) 农业收入	2 255.00		(一) 国家税款	130.00			
(二) 林牧副收入	350.00		其中：农业税款	107.00			
(三) 其它[他]收入	5.00		(二) 公税金	104.40	4%	5%	
二、费用部分	375.00		(三) 公益金	52.20	2%	2%	
(一) 农业牧厂费	345.00		(四) 社员分配	1 948.40	74.5%		
(二) 林牧付[副]费	15.00		分配领金工数	3 407			
(三) 管理费	10.00		每个劳动日值	0.264			
(四) 其他费	5.00		分实物折钱	1 778.40			
			审查　核定				
						65.11.6 日	

西院生产队六五年现金分配情况统计表

65年10月28日

生产队名	收入总计				国家税		公税金		公益金		管理费		生产费		其他费		总计					
	农业收入	林牧付[副]收入	其他收入	总计	全[金]额	占%	全[金]额	占%	全[金]额	占%	全[金]额	占%	全[金]额	占%	全[金]额	占%	全[金]额	占%	金额	分配总工数	每个工值	公社审批
合计	4 129.1	1 045	52	5 226.1	307.94	5.5	260	5	156	3	15.18	0.4	821.94		4.77		1 565.83	28	3 660.37	9 857	2.37	
夏季	1 529.10	295	3.80	1 917.70	147.94	6.5	95	5	57	3	11.18	0.5	395.22	20	2.77	0.15	623.61	31	1 294.09	4 083.3	0.32	
秋季	2 600	750	1.4	3 308.4	160	4.5	165	5	99	3	4	0.5	426.72	19	2		856.72	25	2 451.68	5 772.7	0.42	
公社核定							6%		3%						审查核定					65.11.6日		

队长(章)　　　　会计(章)

乌飞沟队

	收入总计				国家税款			公积		公益金		管理费		生产费		其它[他]		合计		社员分配			
	农业款	森牧副款	其它[他]款	总计	金额	占%	其中农税	金额	占%	金额	占款%	金额	占%	金额	占%	金额	占%	金额	占%	金额	总工数	劳日整数	
乌[鸟]飞沟队	1 007	563	5	1 575	60	4	60	63	4	31	2	10	05	214	15			378	26	119	4 400	028	
八坡沟队																							
							6%		2%						审查核实						65.11.6日		

单位

八坡沟

	收入总计				国家税款			公积(金)		公益金		管理费		生产费		其它[他]		合计		社员分配			
	农业款	森牧副款	其它[他]款	总计	金额	占%	其中农税	金额	占%	金额	占款%	金额	占%	金额	占%	金额	占%	金额	占%	金额	总工数	劳日整数	
	1 252	372	2	1 626	64	4	64	65	4	32	2	8	05			234	15	403	26	1 223	3 900	31	
							5%		3%				审查核实							65.11.6 日			

花岭大队
一九六一年入股册
铁峪铺供销社股金册
花坪公社信用合作社册
花岭大队
铁峪铺供销社股金分红利花名册
（一九六五年三月廿一日发款）

铁峪铺供销合作社社员股金红利花名册

一九六四年十月廿一日

社员姓名	住　址	股　数	应分红利						
			百	十	元	角	分		
何昌海	花坪花岭队	1				1	6		
何昌彦	花坪花岭队	1				1	6		
李安成	花坪花岭队	1				1	6		
王庆宏	花坪花岭队	1				1	6		
王大义	花坪花岭队	1				1	6		
王大会	花坪花岭队	1				1	6		
何德正	花坪花岭队	1				1	6		
杜长福	花坪花岭队	1				1	6		
郭德才	花坪花岭队	1				1	6		
马玉莲	花坪花岭队	1				1	6		
何昌顺	花坪花岭队	1				1	6		
马玉和	花坪花岭队	1				1	6		
王家英	花坪花岭队	1				1	6		
马玉谋	花坪花岭队	1				1	6		
何昌岐	花坪花岭队	1				1	6		
何昌水	花坪花岭队	1				1	6		
何昌贵	花坪花岭队	1				1	6		
何坤明	花坪花岭队	1				1	6		
金花有	花坪花岭队	1				1	6		
合　计	19	19			3	0	4		

铁峪铺供销合作社社员股金红利花名册

一九六四年十月廿一日

社员姓名	住址	股数	应分红利						
			百	十	元	角	分		
赵顺明	花坪花岭队	1				1	6		
肖振东	花坪花岭队	1				1	6		
王大才	花坪花岭队	1				1	6		
赵兴正	花坪花岭队	1				1	6		
张金彦	花坪花岭队	1				1	6		
刘来娃	花坪花岭队	1				1	6		
陈德芳	花坪花岭队	1				1	6		
潘西江	花坪花岭队	1				1	6		
刘掌古	花坪花岭队	1				1	6		
王治来	花坪花岭队	1				1	6		
柯大有	花坪花岭队	1				1	6		
周双林	花坪花岭队	1				1	6		
吴家来	花坪花岭队	1				1	6		
邱声才	花坪花岭队	1				1	6		
陈启朝	花坪花岭队	1				1	6		
马俊福	花坪花岭队	1				1	6		
刘西春	花坪花岭队	1				1	6		
代善有	花坪花岭队	1				1	6		
杨英贵	花坪花岭队	1				1	6		
合计	19	19			3	0	4		

铁峪铺供销合作社社员股金红利花名册

一九六四年十月廿一日

社员姓名	住址	股数	应分红利						
			百	十	元	角	分		
朱恒福	白庙队	1				1	6		
吴长魁	白庙队	1				1	6		
合计	2	2				3	2		

共40人,40股,应分红6.40元

汇总单位名称　　　　　　　　**救济款报销汇总表**

单位	救济户数	其中贫下中农户数	救济人数	其中贫下中农人数	救济款数	其中贫下中农款数	使用成效														
							买粮				制衣服				修补房子			治病		其它[他]	
							户数	人数	斤数	款数	户数	人数	件数	款数	户数	间数	款数	人数	款数	人数	款数
合计																					

单位负责人：　　　　　　　　制表：　　　　　　　　年　　月　　日

花坪　　　　　　**丹凤县铁峪铺供销合作社股金红利分配花名册**

姓名	住址	股数	应分红利	红利人盖章	备注
何昌海	花岭大队	1	0.40		
何昌彦	花岭大队	1	0.40		
李安成	花岭大队	1	0.40		
王庆农	花岭大队	1	0.40		
王大义	花岭大队	1	0.40		
王大全	花岭大队	1	0.40		
何德正	花岭大队	1	0.40		
杜长福	花岭大队	1	0.40		
郭德才	花岭大队	1	0.40		
马玉莲	花岭大队	1	0.40		
何昌顺	花岭大队	1	0.40		
马玉和	花岭大队	1	0.40		
王家英	花岭大队	1	0.40		
马玉谋	花岭大队	1	0.40		
何昌岐	花岭大队	1	0.40		
何昌水	花岭大队	1	0.40		
何昌贵	花岭大队	1	0.40		
何坤明	花岭大队	1	0.40		
金花有	花岭大队	1	0.40		

续　表

姓　名	住　　址	股　数	应分红利	红利人盖章	备　　注
赵顺明	花岭大队	1	0.40		
肖振东	花岭大队	1	0.40		
王大才	花岭大队	1	0.40		
赵兴正	花岭大队	1	0.40		
张金彦	花岭大队	1	0.40		
刘来娃	花岭大队	1	0.40		
合　计		25	10.00		

花坪

丹凤县铁峪铺供销合作社股金红利分配花名册

姓　名	住　　址	股　数	应分红利	红利人盖章	备　　注
陈德有	花岭大队	1	0.40		
潘西江	花岭大队	1	0.40		
邱堂善	花岭大队	1	0.40		
刘治来	花岭大队	1	0.40		
柯大有	花岭大队	1	0.40		
周双林	花岭大队	1	0.40		
吴家来	花岭大队	1	0.40		
邱声财	花岭大队	1	0.40		
陈启相	花岭大队	1	0.40		
马后福	花岭大队	1	0.40		
刘西春	花岭大队	1	0.40		
代善有	花岭大队	1	0.40		
杨英贵	花岭大队	1	0.40		
朱恒福	花岭大队	1	0.40		
吴长魁	花岭大队	1	0.40		
合　计		15	2.00		

花坪公社信用合作社

（拨给社员股金证册）

（内有分红利）

花 岭 大 队

一九六三年三月十九日

丹凤县铁铺供销合作社社员登记花名册

________公社 ________大队 ________生产队 196 年 月

户主姓名	户 数	人 数		入股数	代 表	备注：可填社员详细情况
		男	女			
朱顺富				3.00		
何昌顺				3.00		
何昌让				3.00		
马玉莲				3.00		
何长水				3.00		
张金彦				3.00		
王家英				3.00		
何昌汉				3.00		
刘恒玲				3.00		
王 禄				3.00		
刘德银				3.00		
雷彩莲				3.00		
马玉谋				3.00		
焦成门				3.00		
吴家来				3.00		
姚尔合				3.00		
何昌福				3.00		
赵新画				3.00		
马后林				3.00		
代善有				3.00		

续 表

户主姓名	户　数	人　　数		入股数	代　表	备注：可填社员详细情况
		男	女			
刘金英				3.00		
代定福				3.00		
何德存				3.00		
合　计				3.00		

__________生产大队总户数_______户_______人　　填表经手人_______

__________生产队总户数_______户_______人

__________四类分子不能入社的_______户_______人

丹凤县铁铺供销合作社社员登记花名册

_______公社　_______大队　_______生产队　　196　年　　月

户主姓名	户　数	人　　数		入股数	代　表	备注：可填社员详细情况
		男	女			
何崇亮				3.00		
何昌龙				3.00		
郝冬秀				3.00		
金花有				3.00		
陈永林				3.00		
王大明				3.00		
陈启朝				3.00		
陈德芳				3.00		
何德正				3.00		
马玉合				3.00		
何昌海				3.00		
何昌彦				3.00		
郭德财				3.00		
王大义				3.00		
王大有				3.00		

续　表

户主姓名	户　数	人　数		入股数	代　表	备注：可填社员详细情况
		男	女			
王家正				3.00		
刘崇喜				3.00		
代永禄						
周玫子						
合　计	40户			120元		

__________生产大队总户数_______户_______人　　填表经手人_______

__________生产队总户数_______户_______人

__________四类分子不能入社的_______户_______人

花坪公社信用合作社

《批给社员股金证册》

分红利

花岭大队

一九六三年六月九日

花岭大队股金分红利花名册　　1963年6月9日

姓　名	入股股金	分红利数		备　注
朱怀富	2.00	0.68		61年和62年每1元分利0.34元
马后林	2.43	0.68		
代善有	4.82	0.28		
陈德芳	3.00	1.02		
陈启朝	3.00	1.02		
刘崇喜	3.00	1.02		
何昌隆	3.00	1.02		
邱西禄	3.00	1.02		
刘全兴	3.00	1.02		
何崇旭	3.00	1.02		
刘恒珍	3.00	1.02		

续 表

姓 名	入股股金	分红利数		备 注
何昌福	3.00	1.02		
吴家来	3.00	1.02		
赵新正	3.00	1.02		
金花有	3.00	1.02		
姚尔合	3.00	1.02		
王大财	3.00	1.02		
何昌水	3.00	1.02		
何德存	3.00	1.02		
何德根	3.00	1.02		
合 计		18.98		

花岭大队股金分红利花名册 1963年6月9日

姓 名	入股股金	分红利数		备 注
雷彩莲	2.00	0.68		61年和62年每1元分利0.34元
何昌海	3.00	1.02		
何昌彦	3.00	1.02		
何昌汗	3.00	1.02		
何昌让	2.00	0.68		
马玉莲	2.00	0.68		
何昌顺	3.00	1.02		
马玉合	1.26	0.43		
王家英	3.00	1.02		
马玉谋	3.00	1.02		
郝冬香	3.00	1.02		
王家正	3.00	1.02		
王大有	3.00	1.02		
何德正	3.00	1.02		
焦成门	3.00	1.02		
郭德财	3.00	1.02		

续 表

姓 名	入股股金	分红利数		备 注
王大义	3.00	1.02		
张麦娃	2.00	0.68		
程永林	2.00	0.68		
代定禄	3.00	1.02		
合 计		18.11		总合计 37.09 元

花岭队股分红

姓 名	股金	分红数	姓 名	股金	分红数
朱顺福	2 元	0.68 元	焦成门	3 元	1.02 元
何昌顺	3 元	1.02 元	何昌福	3 元	1.02 元
何昌让	2 元	0.68 元	吴家来	3 元	1.02 元
马玉莲	2 元	0.68 元	姚尔和	3 元	1.02 元
何昌水	3 元	1.02 元	赵兴正	3 元	1.02 元
张麦娃	2 元	0.68 元	马后林	2.43 元	0.68 元
王家英	3 元	1.02 元	代善有	0.82 元	0.28 元
何昌汗	3 元	1.02 元	陈德芳	3 元	1.02 元
刘恒珍	3 元	1.02 元	何德正	3 元	1.02 元
邱西项	3 元	1.02 元	马玉合	1.26 元	0.43 元
何德根	3 元	1.02 元	何昌海	3 元	1.02 元
周长一	3 元	1.02 元	何昌彦	3 元	1.02 元
雷茶连	2 元	0.68 元	王大义	3 元	1.02 元
马玉棋	3 元	1.02 元	郭德才	3 元	1.02 元
王家正	3 元	1.02 元	王大有	3 元	1.02 元
何德群	3 元	1.02 元	陈启朝	3 元	1.02 元
何崇旭	3 元	1.02 元	王大才	3 元	1.02 元
何昌堃	3 元	1.02 元	陈永林	3 元	1.02 元
刘崇喜	3 元	1.02 元	金华有	3 元	1.02 元
焦东秀	3 元	1.02 元	刘全光	3 元	1.02 元
合 计		37.43 元			42.42 元

花岭大队四类分子情况

花 岭 大 队

四类分子花名册

一九六二年八月廿二日

丹凤县花坪子公社花岭大队四类分子花名册

姓　名	别名	性别	年龄	成分	类别	住址	处理意见	备　　注
何昌仑		男	40	中农	反	花岭	留产	

管制份[分]子单行材料

（何昌福）

花 岭 大 队

一九六三年四月廿九日

管制份[分]子单行材料

管制份[分]子何昌福现年 56 岁，贫农成份[分]，农民出身，全家共 5 口人，其中男 2 人，女 3 人，劳力 2 人，家住草房三间，家住在丹凤县花坪子人民公社花岭大队山咀子生产队，兹反[将]事实如下。

1. 管制份[分]子何昌福，兹何在 1963 年古历 4 月 3 日，在上级指示，加强饲养管理，正值饲养队伍，四类份[分]子不能当饲养员，因为兹何是管制份[分]子，在古历 4 月 3 日上午经社员大会讨论撤换他的饲养员，撤换后兹何不满，在当日下午就把牛圈门下掉藏在他家，又把门筐扛掉，兹何说牛圈是我的，我就不叫关，牛圈门我还要破的烧了，因此在当日晚上没有牛圈门，用捆柴火才把牛圈门挡住，还叫了一名社员何崇旭看了一晚上，影响白天生产少翻地六七分地，破坏了我们按时翻地任务。

2. 兹何又在第二天 4 月 4 日上午队上召开社员大会处理他。为什么要挖牛圈门和不叫关牛问题。兹何说，往我牛圈关牛也行，双上社员要给我作保证，今后牛吃了头发，吃了鸡毛，得了病，夜晚出来吃了庄稼不要怪我，他还在社员会上说，我的包袱太大，硬给我裹一个四类份[分]子，我一辈子抬不起头，我的孩子也抬不起头来，把正事若（原文如此——编者注），他有[又]把牛鼻子下掉，他还说是我的，不是队上的到现（在）都没有给，因为处理他的事情，单说了男女劳力 25 人，少翻地 3 公亩地，破坏了按时翻地任务。

3. 管制份[分]子何昌福一贯的索弱集体破坏生产（原文如此——编者注），他在一定的不交肥料，他在 1963 年第一季度肥料任务 24 担，实交肥 16 担子，影响队上点洋芋，不能按时播种，比播种 12 天，每么[亩]地应产 500 斤计算，可减产 25 斤，5 么[亩]地共减产 175 斤，合洋 25 元，减去社员集体收入。

4. 兹何对集体生产不满，不交好肥，在 1963 年 2 月 10 日，队上在第二天要担他的大尿点洋芋，但他在头一天，担的上自留地 20 多担，他担了后，又抬厕所掺河水 11 担子，他又怕队上见，他就把牛圈取牛尿，担的倒在厕所里，应服才的置担了 16 担子，计算每么[亩]地上 25 担子，应上 0.8 么[亩]地洋芋，只上了 0.4 分地洋芋，拿 2.8 分地计算，每么[亩]减产 20 斤，合洋 4 元，减少集体收入啊。

5. 管制份[分]子何昌福一贯不遵守请假制度，兹何在 1963 年 3 月 22 日队上召开群众大会，公布选民指南，兹何不向队上任何人请假，逃跑铁峪铺，兹何在 1963 年 2 月 14 日又不向队上请假，跑到油房坪，他外甥家去 5 天时间。

6. 兹何一贯不遵守劳动纪律，兹在 1963 年 4 月 4 日，队上叫他做活，他说做不了，他给自己担尿上，高坡点红果行。何一贯不参加群众会议，如在 1963 年 4 月 4 日晚上召开群众会议，队长吴家来原自给他今晚队上召开群众会议，何没有来参加会议，队长派了 2 名社员亲自上门去请，他家大门闩着。

7. 兹何一贯单干思想严重，不顾集体生产，破坏集体柴山和荒山，兹在 1962 年 3 月间，乱挖集体柴山 0.5 分，在大块坪后边影响水土流失，破坏坪地生产 4 么[亩]多，队将地归田归集体，兹何不满，再三再四向队长吴家来，大队长马玉谋说是我原来的柴山，给我归回来，社员不愿意给他归田，兹何又说是落实我的，兹何又在 1962 年 3 月间，请工 11 个在门下边 4 么[亩]大行地里边开荒 0.5 分（是集体荒山），他请 11 个工给他开荒山是小，影响集体播种计划么[亩]，不能按时播种，影响减产 16 么[亩]地，减产 540 斤，全队总人口 78 人，每天平均减少口粮 8 斤，收入少。

8. 管制份[分]子何昌福，兹何在 1963 年 4 月 3 日，在何崇旭的小块地头开荒（是他的饲料地），他有意地挖地滚石头砸坏何崇旭 2.1 分小麦地全部砸坏产量 12 斤，兹何又在 1963 年 4 月 3 日抢占队上的牛圈出路战饬他点了洋芋(原文如此——编者注)，影响牛的出路。

9. 兹何一贯小偷小摸，兹何在 1959 年偷刘全宪的奇钩锄一张，在 1962 年 3 月 10 日，被刘全宪发现，才从手中要回去，影响刘全宪生产 3 年，没有奇钩锄挖生地。兹何又在 1959 年在武关修大渠时，将刘从喜的高锄偷去，他用了 1 个多月时间，被刘从喜发现，才从他家拖出来，兹何又在 1959 年武关大渠上偷口袋、别人的碗等东西。

10. 兹管制份[分]子何昌福，在管制后经常表现对他管制不满，兹何在 1963 年 4 月 3 日上午说，刘从喜家人给戴的管制分子帽子，我不知道为啥给戴个管制份[分]子帽子，我一辈子抬不起头，我孩子一辈子也抬不起头来，总有天亮的时候。

11. 兹何在 1962 年 11 月间，将他的女孩子 14 岁的(何麦子)卖给花坪大队东岔生产队沈家玉孩子(沈有林)奖的财理钱 15 元，粮食 3 斗，布两尺，花 8 斤，衣服两身，银器活镯子 1 对，牙前 1 对物品，共合洋 416 元正[整]。

12. 兹何一贯不遵守劳动定额制度，定额多么[亩]是梨犁地是 1 个工，单他梨犁一天地自梨犁 0.5 么[亩]，听给他记一分工，担[但]记工员不给他记，要按定额给他记工，他就骂记工员，担[但]他就把手册从记工员手里拖下去，拿到他家。

13. 管制份[分]子何昌福，兹何在 1963 年 3 月 1 日，抢占社员(何崇亮)扩大地 2.1 分，给自己种谷子。

一九六三年四月八日

经评审反革命份[分]子何昌余材料

花岭大队存

1966.8.10

经评议反革命份[分]子材料

何昌余现年 46 岁，中农成份[分]，农民出身，现在加以农业改造，经民主评审，自从 60 年起到现在所作[做]过的坏事实向大家作检讨，自谈如下：

自己在这两年做过的坏事很多，叫我向大家谈也没有什么谈的，请大家给我提出意见应该给予，经全体社员评审提出意见如下：

何昌汉提：反革命份[分]子何昌余在当前文化大革命中表现一贯不好，

不老实，在 1965 年生产队派你去甘家沟给生产队搞付[副]业做砖瓦，而回来后向生产队以多报少，不想给生产队交付业款，在 1965 年 7 月生产队经决定锄二遍草荒严重，划片包工，单给你划的一块草你锄的是一半，有一半被荒了，有 2 么[亩]多地，你在 65 年 11 月 3 日在做活时说咱们生产队的粮食丰收了，我们不管其他的地区丰收不收。

何昌让提：该何昌余在这两年来不向生产队请假随便胡窜游玩，一贯不遵守劳动纪律。

潘西江提：反革命份[分]子何昌余，你知道不知道，当前文化大革命中，我们要和你败死的[地]斗争，坚决打倒反党反人民反社会主义的黑帮开火，把反革命份[分]子能打不倒的，能消除起陷[气焰]，我现在决定和你斗争到底。

何昌让提：〈你〉在 65 年冬派你给生产队烧木炭，点窑火，让你一窑木炭划完了，足有 160 斤，多少都划完了，你的思想多么坏呀。

何昌水提：你在 64 年和我一同到甘家沟烧砖瓦窑给生产队交付业款，你用手指说咱们光烧大窑不烧小窑，回到生产队以多报少，不交付[副]业款项钱，经全体社员评审反革命份[分]子何昌余作为三类份[分]子。

一九六六年八月十一日

经民主评审四类份[分]子何昌福材料

花岭大队存

1966.8.10

经民主评审四类份[分]子材料

何昌福现年 59 岁，贫农成份[分]，农民出身，一生务农劳动，在 57 年对农业破坏事实十分严重，经民主评议，上级批为斗争，现在(是)社会管制份[分]子，所近两年来做过的坏事实向大家作为检讨，自己谈如下：

全体社员们我是个四类份[分]子，没有什么坏事向大家交待[代]的，叫大家给我提一下吧，我没有什么坏事谈的，兹四类份[分]子何昌福抗举[抗拒]不向大家交待[代]，作为评审提意见如下：

吴家来提：在这几年我是生产队长，每年分配粮食给你分的不够称[秤]，胡骂，队里的干部、生产队分粮是新称[秤]，你拿老称[秤]称，胡骂干部扣你的粮吃药，另一个你在历年来一贯不遵守劳动纪律，在今年 3 月间不向生产队请假，偷跑到太吉河一带驶壮讨饭胡搞破坏活动(原文如此——编者注)，在当前你骂生产队庄你的工分(原文如此——编者注),叫你每一年缺粮,你说粮食我要吃,缺粮钱我给队。

陈启朝提:反革命四类份[分]子在当前不亏,胡跑乱窜,不向生产队请假,随随便便胡跑,不老实,你 65 年 3 月间生产队正在安苗下种时,生产队说你做不了重活路,派你去到楼房沟儿看包谷,你结果看管的地里全部没苗,那块地共 4 么[亩]多地,结果生产队全部从[重]点,你对生产队都这样的破坏,生产队用你的牛圈门,你说不要脸的,你把牛圈门下掉藏在你家秸[秆]上,不给生产队用。你在汉前多少(原文如此——编者注)。

马后文提:你上次公社召开四类份[分]子会议回来说,公社芭阻平还扁不过李江海,我是个四类份[分]子,公社都扁不过我呀,难怪咱生产队社员都不骂,我不怕你生产队的干部和社员,你特别的厉害。

何昌岐提:在你是四类份[分]子胡说、胡动,在当前是文化大革命就是要和你死我活的斗争,坚决打倒邓拓、吴晗、雇沫河,难当是你四类份[分]子呢。

全新提:你在 62 年夏季,生产队集体收你的扩大地,收你的后坡小麦,生产队集体收割了,你和生产队抢收,把生产队捆的麦捆子背的讨[逃]到你家楼上,社员和干部从你家楼上背下来,你说生产队不该收你的扩大地,在你家打小麦捆子,这是你四类份[分]子做的事,我们社员都看到啦。

刘从喜提:你四类份[分]子何昌福,在生产队胡把占土地半子,多占自留地,放队上地边点高粱,另外,不想给生产队交好肥料,生产每一次担大粪时,你社员抢大尿,一贯不向生产队交好肥料。

何从宽提:在 64 年收你的打地时,你家的自留地平子,你去年冬月 12 日给家交了 10 元缺粮款,你没交钱,你胡说。

何从旭提:你在今年正月十三日,把我在你地拉的房粮子给我扛了,你说:土地是我的,不是你的,你在我地盖房就要把房粮子。该四类份[分]子多么激烈呀。

(经全大队社员大会评审作为四类份[分]子何昌福,不合作,不老实,以上事项激烈严重。)

一九六六年十一月十二日

花岭大队粮食产量及分配情况（1965 年）

一九六五年夏季社员口粮决算清册

花岭大队

1965 年 7 月 30 日

一九六五年夏季社员口粮决算清册

山咀生产队

1965 年 7 月 30 日

山咀生产队六五年夏季口粮分配计算表

1965. 7. 29 日

项目/姓名	自然人数	折合大人									基本口粮平均	应分基本口粮	未完成基本工扣减粮数	再分数平均	基本口粮再分数	应分实物工	工直数	人应分粮数	合计应分粮	每人平均	每人每月平均	安排的月份	备注
		合计	1—3		4—6		7—9		10 岁以上大人														
			人数	折成	人数	折成	人数	折成	人数	折成													
马厚福	7	7							7	7	62	434	4	1.5	10.5	377.8	0.35	132.2	577.2	82.8	27.4	3	
陈启朝	5	5							5	5		310			7.5	317.3		111.5	428.6	85.7	28.5	3	
周双林	1	1.5							1	1.5		93	10		2.3	105.6		37	122.3	122.3	40.2		
邱声财	5	4.4	1	0.5					4	4		272.8			6.6	225.7		79	358.4	71.2	23.9		
刘恒珍	6	5.9					1	0.9	5	5		365.8	40		8.9	200		70	404.7	67.4	22.5		

续 表

项目/姓名	自然人数	折合大人 合计	1—3 人数	1—3 折成	4—6 人数	4—6 折成	7—9 人数	7—9 折成	10岁以上大人 人数	10岁以上大人 折成	基本口粮平均	应分基本口粮	未完成基本工扣减粮数	再分数平均	基本口粮再分数	应分实物工	工直数	人应分粮数	合计应分粮	每人平均	每人每月平均	安排的月份	备注
刘来娃	1	1.5							1	1.5		93	4		2.3	102.9		36	127.3	127.3	42.4		
刘西合	1	1.5							1	1.5		93			2.3	66.1		23.1	118.4	118.4	39.5		
何崇旭	7	6	1	0.4	1	0.6			5	5		37.2	23		9	169.6		59.4	417.4	59.6	19.8		
何昌福	6	5.4	1	0.5					5	5		334.8	52		7.1	1 261.8		44.4	334.3	55.3	17.2		
合 计												2 368.4	137					597.2	2 888.6				

山咀生产队六五年夏季口粮分配计算表

1965.7.29 日

项目/姓名	自然人数	折合大人 合计	1—3 人数	1—3 折成	4—6 人数	4—6 折成	7—9 人数	7—9 折成	10岁以上大人 人数	10岁以上大人 折成	基本口粮平均	应分基本口粮	未完成基本工扣减粮数	再分数平均	基本口粮再分数	应分实物工	工直数	人应分粮数	合计应分粮	每人平均	每人每月平均	安排的月份	备注
何昌隆	6	6							6	6	62	372		1.5	9	259.2	0.35	90.7	471.7	78.5	26.2		
吴家来	4	3.9					1	0.9	3	3		241.8			5.3	171.5		60	307.7	76.9	25.6		
刘全新	5	3.8	2	0.8					3	3		235.6	3		5.7	108.3		37.9	279.2	55.8	19.6		

续　表

项目 / 姓名	自然人数	折合大人									基本口粮平均	应分基本口粮	未完成基本工扣减粮数	再分数平均	基本口粮再分数	应分实物工	工直数	人应分粮数	合计应分粮	每人平均	每人每月平均	安排的月份	备注
		合计	1—3		4—6		7—9		10岁以上大人														
			人数	折成	人数	折成	人数	折成	人数	折成													
柯大有	5	4.3	1	0.4			1	0.9	3	3		310			6.5	208.7		73	389.5	77.9	25.9		
邱堂善	7	6.4	1	0.4					6	6		396.8			9.6	389.9		137.5	543.9	77.7	25.9		
刘崇喜	6	6							6	6		372			9	243.5		85.2	466.2	78.4	26.1		
王治来	1	1.5							1	1.5		93	74		2.3	73.35		25.7	47	47	15.6		
合　计												2 067.2	77					510	2 505.2				
总　计												4 435.6	216					1 102.2	5 398.8				

梨树沟

口粮计算到户表

1965.7.29 日

户主姓名	自然人数	折合大人									应分基本粮	未完成工扣回粮数	扣回粮再分平均	扣回粮再分数	分实物工数	工值	应分粮食数	合计补数	每人平均	每人每月平均	安排的月份
		合计	1—3		4—6		7—9		10岁以上大人												
			人数	折成	人数	折成	人数	折成	人数	折成											
潘西江	7	6.3	1	0.4			1	0.9	5	5	441		2.6	16.4	231.1	0.44	101.7	559.1	79.9	26.5	
陈德方	7	5.7	2	0.8			1	0.9	4	4	399			14.8	215		94.6	508.4	72.6	24.2	

续 表

户主姓名	自然人数	折合大人									应分基本粮	未完成工扣回粮数	扣回粮再分平均	扣回粮再分数	分实物工数	工值	应分粮食数	合计补数	每人平均	每人每月平均	安排的月份
		合计	1—3		4—6		7—9		10 岁以上大人												
			人数	折成	人数	折成	人数	折成	人数	折成											
李全福	1	1.5							1	1.5	105			3.9	107.5		47.3	156.2	156.2	52.1	
钱富俭	1	1.5							1	1.5	105			3.9	109		48	156.9	156.9	52.3	
朱怀福	1	1.5							1	1.5	105	17		3.9	111.3		49	140.9	140.9	46.9	
吴长奎	4	4							4	4	280	33		104	131.3		57.8	315.2	78.8	26.2	
马厚林	8	7.3	1	0.4			1	0.9	6	6	511			19	337.2		148.4	678.4	84.8	28.2	
刘西春	4	4							4	4	280	32		104	218.5		9.6	268	67	22.3	
杨应贵	3	3									210	14.5		7.8	106.7		46.9	250.2	83.4	27.8	
代善有	4	3.3	1	0.4			1	0.9	2	2	231	7		8.6	149.5		65.8	308.4	77.1	25.7	
合 计	40	38.4									2 669	103.5		99.1	1 520.5		669.1	3 341			

一九六五年夏季社员口粮分配决算清册

西院生产队

1965 年 7 月 30 日

西院生产队六五年夏季口粮分配计算表

1965.7.29 日

项目 / 户主姓名	自然人数	折合大人 1—4 人数	1—4 折成	4—6 人数	4—6 折成	7—9 人数	7—9 折成	10 岁以上大人 人数	10 岁以上大人 折成	合计	基本口粮平均数	应分基本口粮	未完成基本工应扣粮数	再分数每人平均	基本口粮再分数	应分实物工数	每个劳动日值	共应分粮数	合计应分粮	每人平均数	安排月份	每人每月平均
马后明	3	1	4					2	2	2.4	109.9	263.7	57	4.43	10.6	142.61	0.56	79.9	297.2	120	4	30
马玉谋	5			1	6			4	4	4.6	109.9	5.5.5			20.4	237.63	0.56	133	658.9	145	4	36
王家英	9					1	9	8	8	8.9		978.7			39.4	371.81		218.2	1 235.7	139	4	35
马玉合	4							4	4	4		439.6			17.7	173.66		97.3	554.6	138	4	34.5
何昌春	7							7	7	7		769.3			31	152.56		309.3	1 109.6	155	4	39
马玉莲	4			1	6			3	3	3.6		395.6			15.9	187.2		104.8	516.2	139	4	35
何昌让	4	1	4					3	3	3.4		373.6	94		15.1	152.04		85.1	379.8	111	4	27
何昌汗	6	1	4	1	6			4	4	5		549.5			22.2	220.14		123.3	695	139	4	34.7
何德存	7	1	4			1	9	5	5	6.3		692.3			27.9	226.87		129.1	849.3	134	4	34
何昌郅	7	1	4	1	6	1	9	4	4	5.9		648.4	24		26.1	256.83		143.8	794.3	136	4	34.2
小计	56	5	20	4	24	3	2.7	44	44	51.1	109.9	5 615.6	175	4.43	226.3	2 517.15	1.12	1 423.8	7 080.2		4	

西院生产队六五年夏季口粮分配计算表

1965. 7. 29 日

项目 户主姓名	自然人数	折合大人									基本口粮平均数	应分基本口粮	未完成基本工应扣粮数	再分数每人平均	基本口粮再分数	应分实物工数	每个劳动日值	共应分粮数	合计应分粮	每人平均数	安排月份	每人每月平均
		1—4		4—6		7—9		10 岁以上大人		合计												
		人数	折成	人数	折成	人数	折成	人数	折成													
何昌彦	8	2	8	1	6			5	5	6.4	109.9	703.4		4.43	28.4	287.15	0.56	160.8	892.6	139	4	33.7
代定禄	5	1	4					4	4	4.4	109.9	493.4	97	4.43	19.5	73.96	0.56	41.4	457.3	116	4	27.1
何昌海	3							3	3	3		329.7	13		13.3	115.43		64.6	394.6	131	4	32
何昌连	4	1	4			1	9	2	2	3.3		362.6	90		14.6	140.14		78.5	365.7	101	4	25
何昌启	3					1	9	2	2	2.9		318.7	20		12.8	125.38		70.2	371.7	127	4	32
何崇怀	6							6	6	6		659.4			26.6	360.84		202	888	148		37
何昌贵	4							4	4	4		439.6			17.7	293.06		163.6	620.9	155		39
何昌岐	4	1	4	1	6			2	2	3		329.7			13.3	181.09		101.4	444.4	148		37
何昌水	6	1	4	1	6			4	4	5		549.5			22.2	219.39		122.9	694.6	139		34.2
何昌优																51.8		29	29			
小　计	43	6	2.4	3	1.8	2	1.8	32	32	38		4 186	220		168.4	1 848.24		1 034.4	5 158.8			
	99									89.1						4 369.3			12 239			

1965 年分配清册　鸟人沟

社员名		张新有	赵新飞	金花有	赵顺明	姚尔合	赵山贵	王大才	肖飞东	王文正	董家福	合计
折成人	自然人口	2	7	3	4	4	1	3	2	3	1	30
	折成人	2.3	7	3	3.4	4	1.5	2.6	2.3	3	1.5	30.5
	一人数				1							
	三　折				0.4							
	四人数							1				
	六折成							0.6				
	七人数											
	九折成											
	十人数	2	7	3	3	4	1	2	2	3	1	
	上折成	2.3	7	3	3	4	1.5	2	2.3	3	1.5	30.5
原定基本工		176.5	330	196	203.5	214	70	147	84.5	128	100	
实做工												
应吃口粮数		72.5				72.5						72.5
应分粮		167	5.7.5	217.5	247	290	108	189	167	217.5	108	
完不成扣粮					5	20		60			30	115
再分数		7	24.5	10.5	14	14	3.5	10.5	7	10.5	3.5	
一工代粮	工数	181.85	356.1	261.63	200.55	199.4	70	84.9	84.5	126	82	161.2
	日值	0.325										
	粮数	59.1	116	70	65.1	65	288	27.7	28	41	28	
合　计		233.1	648	298	231.1	344	134.3	167.2	202	269	109.5	
每人每月平均		38.8	30	33	27	29	44.7	19	33.6	30	36	
加自营机（原文如此——编者注）		50	80	50	30	50		40	20	40	20	370
自机人平均每月		46	33.5	38	29.5	33	44.7	23	36	34	41	

续 表

社员名		王大义	张治业	王大有	王中基	王庆文	何德正	王大全	焦成门	杜长富	郭德才
折成人	自然人口	5	2	6	3	1	5	2	9	4	5
	折成人	3.7	2.3	5.1	2.4	1.5	4.4	2.3	7	4	4
	一人数	2		1	1		1		1		1
	三　折	8		4	4		4		4		4
	四人数								1		
	六折成								6		
	七人数	1		1							
	九折成	9		4					6		
	十人数	2	2	4	2	1	4	2	6	4	4
	上折成		2.3	4	2	1.5	4	2.3	6	4	4
原定基本工		117	167	231	144	90	228	84.2	210	146	23
实做工		113	158	245.7	127	83	275.9	84.2	248.8	167.7	171
应吃口粮数			385				385				
应分粮数		140	87	193	81	57.5	168	87	266.5	152	168
完不成扣粮		4			17						40
再分粮数		75	3	9	45	15	75	3	105	6	75
小　计		143.5	90	202	68.5	59	175.5	90	277	158	135
一工代粮	工数	113	158	245.7	127	83	275.9	84.2	245.8	167.7	171
	日值		0.2					0.2			0.2
	粮数	21	35	48	25	16.6	55.2	16	50	33.5	3.5
粮食合计		164.5	125	250	93.5	75.6	230.7	106	327	191.5	170.5
每人每月平均		11	21	15	11	26	16	17	14	16	10.7
加自营机（原文如此——编者注）		100	50	120	60	20	100	50	140	80	110
每人每工平均		18	29	22	18	31	23	25	20	22	17.7

花岭　　　　八坡沟生产队

六五年夏秋预算口粮分配清册

花岭大队

1965年10月29日

六五年上粮分配到户计算表

1965年10月28日

户主姓名	自然人数	折合大人									应分基本口粮	未完成工基本工	扣减粮食数	扣回在分数	分配实物工	粮食数	合计粮食数	夏季分过数	秋季应分数	每人每月平均	安排的月份		备注
		合计	1—3		4—6		7—9		合计														
			人数	折成	人数	折成	人数	折成	人数	折成													
马玉成	7	7							7	7	1 526	17	46		805.2	402.6	1 882.6	588.8	1 293.8	20.5	9		
陈启朝	5	5							5	5	1 090				683.9	342	1 432	437.2	994.8	22.1	9		
周双林	1	1.5							1	1.5	327	16	43		238.3	119.2	403.2	125	278.2	31	9		
邱声财	5	4.4	1	0.4					4	4	959.2				503	251.5	1 210.7	365.6	845.1	18.8	9		
刘恒玲	6	5.9					1	0.9	5	5	1 286.2	40	108		458.3	229.2	1 404.7	412.9	991.8	16.5	9		
刘来娃	1	1.5							1	1.5	327	30	81		229.1	114.6	360.6	129.9	230.7	25.6	9		
刘西金	1	1.5							1	1.5	327				156.3	78.2	405.2	120.8	384.4	31.6	9		
何从旭	7	6	1	0.4	1	0.6			5	5	1 308				437.4	218.2	1 499.7	425.7	1 074	17	9		
何昌福	6	5.3	1	0.4			1	0.9	4	4	1 177.2	14	37		355.1	177.6	1 318.8	341.1	977.7	18.1	9		
合　计	39	38.1									8 327.6		315		3 866.6	1 933.6	9 917.5		4 970.5		9		

六五年　粮分配到户计算表

1965 年 10 月 28 日

户主姓名	自然人数	折合大人									应分基本口粮	未完成工基本工	扣减粮食数	扣回在分数	分配实物工	粮食数	合计粮食数	夏季分过数	秋季应分数	每人每月平均	安排的月份		备注
		合计	1—3		4—6		7—9		大人														
			人数	折成	人数	折成	人数	折成	人数	折成													
何昌隆	6	6							6	6	1 308				652	326	1 634	491.1	1 142.9	21	9		
吴家来	4	3.9					1	0.9	3	3	850.2				417.1	208.6	1 058.8	313.8	745	20.7	9		
刘全新	5	3.8	2	0.8					3	3	828.4				328.8	164.4	992.8	284.8	708	15.7	9		
柯大有	5	4.3	1	0.4			1	0.9	3	3	1 100	499.7			499.7	250	1 350	397.3	952.7	21.7	9		
刘崇喜	6	6							6	6	1 308				708.9	354.5	1 662.5	485.5	1 177	21.8	9		
邱堂善	7	6.4	1	0.4					6	6	1 395.2				934	467	1 862.2	561.1	1 301.1	20.6	9		
合　计	33	30.4									6 790				3 540.7	1 770.5	8 560		6 027				
总　计	72	68.5									15 117				7 407.3	3 704	18 477		12 996				

乌飞沟生产队

户主姓名	自然人口	口粮算准	基本口粮情况						实际分粮	一工代粮			总计	夏季已分	秋季应分	全年每人平均	每月平均	备注
			人　口	共分粮	原定工	实做工	少做数	应扣粮		工数	日值	粮数						
张金彦	2	225	2.3	518	425	402	23	30	488		038	153	641	237	424	216	26	
赵新正	7		7	1 575	735	987			1 575			378	1 954	658	1 296	277	22	

续 表

户主姓名	自然人口	口粮算准	基本口粮情况						实际分粮	一工代粮			总计	夏季已分	秋季应分	全年每人平均	每月平均	备注
			人 口	共分粮	原定工	实做工	少做数	应扣粮		工数	日值	粮数						
金花有	3		3	675	525	580			675			220	895	304	591	298	25	
赵顺明	4		3.4	765	500	496			765			189	954	327	627	240	20	
姚尔合	4		4	900	564	523	26	66	834			199	1 033	355	678	257	23	
赵双子	1		1.5	338	265	267			338			100	438	137	301	438	36	
王大才	3		2.9	652	440	312	128	100	552			119	671	190	481	225	19	
肖振东	2		2.3	518	230	230			518			87	605	207	398	302	26	
王德正	3		3	675	360	358			675			170	845	275	570	281	23	
王家福	1		1.5	338	305	280	25	40	298			106	404	113	291	404	33	

八坡沟生产队

户主姓名	自然人口	口粮算准	基本口粮		基本工		完不成		实际分粮	一工代粮			总计	夏季已分	秋季应分	全年每人平均	每月平均	备注
			人 口	共分粮	原定工	实做工	少做数	应扣粮		工数	日值	粮数						
王大义	5	230	3.7	940	295	292	3	9	931		0.6	175	1 106			220	18	
张治业	2		2.3	584	390	380	10	30	554			228	782			391	33	
王庆文	3		2.4	610	328	322	6	18	592			193	785			260	22	
王文正	1		1.5	380	216	206	10	30	350			123	473			473	39	
王大有	6		5.3	1 350	550	540	10	30	1 320			317	1 637			270	22	

续 表

户主姓名	自然人口	口粮算准	基本口粮		基本工		完不成		实际分粮	一工代粮			总计	夏季已分	秋季应分	全年每人平均	每月平均	备注
			人 口	共分粮	原定工	实做工	少做数	应扣粮		工数	日值	粮数						
何德正	5		4.4	1 118	550	616			1 118			370	1 550			330	27	
王大全	2		2.3	584	225	216	9	27	557			129	686			343	28	
焦成门	8		7	1 780	470	470			1 780			292	2 072			260	22	
杜长富	4		4	1 000	360	373			1 000			224	1 244			310	26	
郭德才	5		4.4	1 118	505	466	39	87	1 031			280	1 311			260	22	
供三女			1.5	360									360			360		

西院生产队六五年秋季口粮分配表

1965.10.28 日

户主姓名	自然人数	折合大人									基本口粮平均	应分基本口粮	未完成基本工应扣粮数	分实物工数	劳动日值	工应分粮数	合计应分粮	每人平均	每月平均
		合计	1—4岁		4—6岁		7—9岁		10岁以上大人										
			人数	折成	人数	折成	人数	折成	人数	折成									
马后明	3	2.4	1	4					2	2	320.9	770.2	156	333	0.77	239.8	854	290	23
马玉谋	5	4.6			1	6			4	4		1 476.1		502.1		351.5	1 827.6	360	30
王家英	9	8.9				1	9	8	8			2 856		848.8		611.1	3 467	380	31
何昌春	7	7						7	7			2 246.3		1 193.8		859.5	3 105.8	414	34
马玉连	4	3.6		1	6			3	3			1 155.3		440.9		317.4	1 472.6	351	29.5

续 表

户主姓名	自然人数	折合大人										基本口粮平均	应分基本口粮	未完成基本工应扣粮数	分实物工数	劳动日值	工应分粮数	合计应分粮	每人平均	每月平均
		合计	1—4岁		4—6岁		7—9岁		10岁以上大人											
			人数	折成	人数	折成	人数	折成	人数	折成										
何昌让	5	2	8					3	3				1 219.4	189	341.6		246	1 465.4	290	24.5
何昌汗	6	5	4	4	1	6		4	4				1 604.5		530.9		387.2	1 986.8	330	27.5
何德存	7	6.3	1	4			1	9	5	5			2 071.7		546.5		393.5	2 415.2	305	25
何昌郅	7	5.9	1	4	1	6	1	9	4	4			1 893.3	70	547.4		394.1	2 287.4	300	24.5
何昌彦	8	6.4	2	8	1	6	1	9	5	5			2 053.8		661.9		476.6	2 530.4	310	25
代定禄	5	4.4	1	4					4	4			1 412	140	231.3		166.5	1 578.5	300	24.5

西院生产队六五年秋季口粮分配计算表

1965.7.29日

户主姓名	自然人数	折合大人									基本口粮平均	应分基本口粮	未完成基本工应扣粮数	分实物工数	劳动日值	工应分粮数	合计应分粮	每人平均	每月平均
		合计	1—4岁		4—6岁		7—9岁		10岁以上大人										
			人数	折成	人数	折成	人数	折成	人数	折成									
马玉合	4	4							4	4	320.9	1 283.6		450.8	0.72	324.6	1 608.2	400	33
何昌海	3	3							3	3		962.7		370.3		266.6	1 229.2	400	33

续 表

户主姓名	自然人数	折合大人									基本口粮平均	应分基本口粮	未完成基本工应扣粮数	分实物工数	劳动日值	工应分粮数	合计应分粮	每人平均	每月平均
		合计	1—4 岁		4—6 岁		7—9 岁		10 岁以上大人										
			人数	折成	人数	折成	人数	折成	人数	折成									
何昌启	3	2.9					1	9	2	2		930.6	38.5	277.6		199.9	1 130.5	340	28
何崇怀	7	7							7	7		213.9		862.1		620.7	2 759.7	410	33.5
何昌贵	4	4							4	4		1 283.6		684.7		493	1 776.6	414	34
何昌岐	4	3	1	4	1	6			2	2		962.7	67	381.8		274.9	1 170.6	290	23.5
何昌水	6	5	1	4	1	6			4	4		1 604.5		541.3		389.7	2 004.2	33	27
何昌廷	4	3.3	1	4			1	9	2	2		1 054.8	203	346.4		289.4	1 141.2	366	23
合　计	101	89.9											863.5				27 355		

六五年社员夏季粮食分配预算清册

花岭大队

1965年7月2日

社员夏季口粮预算到户册

山咀生产队

一九六五年元月十五日

夏季口粮分配到(户)计算表

1965.6.14

户主姓名	自然人数	折合大人									应分基本粮	未完成基本工应扣粮数	扣减基本口粮再分的数	分实物工数	工应分粮数	合计应分粮	自然人每人每月平均数	夏季每人平均不超过三定15%	实分粮食数	安排月份	备注
		合计	1—3		4—6		7—9		10岁以上												
			人数	折成	人数	折成	人数	折成	人数	折成											
马厚福	7	7							7	7	350	4.2	13.7	377.8	125.8	465.3	22			3个月	
周双林	1	1.5							1	1.5	75		3.4	105.6	29.6	102	33.6				
陈启明	5	5							5	5	250		11.3	317.3	88.8	350.6	23.3				
邱声财	5	4.4	1	0.4					4	4	220		9.9	225.7	63.2	293.1	19.3				
刘恒玲	6	5.9					1	0.9	5	5	295	33	13.3	200	56	331.3	18.3				
刘来娃	1	1.5							1	1.5	75	20	3.4	102.9	28.8	87.2	29				
刘锡合	1	1.5							1	1.5	75		3.4	66.1	18.5	93	31				
合　计	26	26.8	1	0.4			1	0.9	24		1 340	63.2		1 395.4	389.5	1 722					

夏季口粮分配到(户)计算表

1965.6.14

户主姓名	自然人数	折合大人									应分基本粮	未完成基本工应扣粮数	扣减基本口粮再分的数	分实物工数	共应分粮数	合计应分粮	自然人每人每月平均数	夏季每人平均不超过三定15%	实分粮食数	安排月份	备注
		合计	1—3		4—6		7—9		10岁以上												
			人数	折成	人数	折成	人数	折成	人数	折成											
何崇旭	7	6	1	0.4	1	0.6			5	5	300	14	13.5	169.6	47.5	347	15.5				
何昌福	6	5.4	1	0.4					5	5	270	54	12.2	127.5	35.5	263.3	14.6				
何昌隆	6	6							6	6	300		13.5	259.2	72.6	386.1	21.3				
吴家来	4	3.9					1	0.9	3	3	195		8.8	171.5	48	251.8	18.2				
刘全新	5	3.8	2	0.8					3	3	190	2	8.6	108.3	30.4	227	14.8				
柯大有	5	4.3	1	0.4			1	0.9	3	3	215		9.7	208.7	58.4	283.1	18.2				
刘崇喜	6	6							6	6	300		13.5	243.5	68.2	381.7	21.1				

夏季口粮分配到(户)计算表

1965.6.14

户主姓名	自然人数	折合大人									应分基本粮	未完成基本工应扣粮数	扣减基本口粮再分的数	分实物工数	共应分粮数	合计应分粮	自然人每人每月平均数	夏季每人平均不超过三定15%	实分粮食数	安排月份	备注
		合计	1—3		4—6		7—9		10岁以上												
			人数	折成	人数	折成	人数	折成	人数	折成											
王治来	1	1.5							1	1.5	75	60	3.4	73.35	20.5	38.9	13				

续 表

户主姓名	自然人数	折合大人									应分基本粮	未完成基本工应扣粮数	扣减基本口粮再分的数	分实物工数	共应分粮数	合计应分粮	自然人每人每月平均数	夏季每人平均不超过三定15%	实分粮食数	安排月份	备注
		合计	1—3		4—6		7—9		10岁以上												
			人数	折成	人数	折成	人数	折成	人数	折成											
邱堂善	7	64	1	0.4					6	6	320		14.4	371.9	104.2	438.6	20.8				
合　计																					
总　计	73	70.1									3 505	193.2		3 178.2	874.2	4 340					

山咀生产队口粮分配计算表

1965.6.17 日

粮食名称	预测产量	各项扣除部分						社员分配口粮	其中：						备　注
		公粮	购粮	籽种	饲料	储备	合计		基　本		工　粮	工分分粮数			
									粮数	8%	每人平均	粮数	2%	工值	
合　计	6 046	320		1 380			1 700	4 346	3 476	8%	50	870	2%	0.28	人数 3 130 个
小　麦	2 850			600			920	2 030							
洋　芋	1 330			300			300	1 030							
腕[豌]豆	1 375			300			300	1 075							
路　仁	121			50			50	71							

续 表

粮食名称	预测产量	各项扣除部分						社员分配口粮	其 中：						备 注
		公 粮	购 粮	籽 种	饲 料	储 备	合 计		基 本		工 粮	工分分粮数			
									粮数	8%	每人平均	粮数	2%	工值	
扁 豆	50			50			50								
洋 麦	320			80			80	260							

夏季口粮预算到户册

梨木沟

一九六五年六月十五日

梨木沟生产队口粮分配计算表

1965.7.8

户主姓名	自然人数	折合大人数									应分基本口粮数	未完成基本工应扣粮数	基本口粮再分的数	分实物工数	工应分粮数	合计应分粮	自然人平均	每人每月平均	夏季平均超过三定15%	超过扣减粮款	实分粮食数	安排口粮月份	备注
		合计	1—3		4—6		7—9		10 岁以上														
			人数	折成	人数	折成	人数	折成	人数	折成													
潘锡江	7	6.3	1	0.4			1	0.9	5	5	396.3		15	231.1	87.8	499.1	71.3	232				3	
陈德方	6	5.3	1	0.4			1	0.9	4	4	323.3		12.3	215	81.7	417.3	69.5	23.1				3	
李全福	1	1.5							1	1.5	91.5		3.5	107.5	41	136	136	45.3					
钱富俭	1	1.5							1	1.5	91.5		3.5	109	41.4	136.4	136.4	45.4					

续 表

户主姓名	自然人数	折合大人									应分基本口粮数	未完成基本工应扣粮数	基本口粮再分的数	分实物工数	工应分粮数	合计应分粮	自然人平均	每人每月平均	夏季平均超过三定15%	超过扣减粮款	实分粮食数	安排口粮月分	备注
		合计	1—3		4—6		7—9		10岁以上														
			人数	折成	人数	折成	人数	折成	人数	折成													
朱怀福	1	1.5							1	1.5	91.5	14	3.5	111.3	42.3	123.3	123.3	41.4					
杨应贵	3	3							3	3	183	12	7	106.7	40.5	218.5	72.8	24.2					
代善有	4	3.3	1	0.4			1	0.9	2	2	201.3	6	7.6	149.5	56.8	259.7	65	21.6					
吴长奎	4	4	1	0.4			1	0.9	2	2	244	27	9.3	131.3	50.2	276.3	69	23					
马厚林	8	7.3	1	0.4			1	0.9	6	6	445.3		16.9	337.2	128.1	590.3	73.7	24.5					
刘西春	4	4							4	4	244	26	9.3	21.85	8.3	235.6	58.9	19.3					
合 计	39	38	4	1.6			4	3.6	35		2 311.7	84	87.9	1 520.5	578	2 892.5							

梨树沟生产队六五年夏季粮食预分方案

粮食物作	实际产量	扣除部分						社员分配口粮	其中:							备注
									基本口粮			奖励粮				
		公粮	购粮	籽种[种子]	饲料	储备	合计		粮数	%	标准平均	粮数	工数	工值	%	
合 计	3 988	200		895			1 095	2 893	2 314	20	61	579	1 520.5	0.38	20	
小 麦	1 464	200		326			526	938	750			188				

续 表

粮食物作	实际产量	扣除部分						社员分配口粮	其中：							备注
									基本口粮			奖励粮				
		公粮	购粮	籽种[种子]	饲料	储备	合计		粮数	%	标准平均	粮数	工数	工值	%	
宛[豌]豆	704			200			200	504	403			101				17.6%
宛[豌]豆面	215							215	172			43				
扁豆面	376			80			80	296	237			59				
路仁	290			65			65	225	180			45				
平面	139			24			24	115	92			23				
争争主	800			200			200	600	480			120				21%

梨树沟生产队夏季集体实收产量表

65.6.10日

项目	小麦	莞[豌]豆	莞[豌]豆面	扁豆面	路仁子	洋麦	洋芋〈主〉	合计
合计	1464.5	704	215	376	290	139	800	3988
社员分配	788.5	484	215	296	725	115	600	2723.5
公粮	200							200
种子	326	200		80	65	24	200	855
库存	150	60						210

花岭鸟飞沟粮食到户表

1965年3月18号

天龙沟生产队夏季口粮分配到(户)计算表

1965年6月17日

户主姓名	自然人数	折合大人数 合计	1—3 人数	1—3 折成	4—6 人数	4—6 折成	7—9 人数	7—9 折成	10岁以上 人数	10岁以上 折成	应分基本口粮数	未完成基本工应扣粮数	基本口粮再分的数	分实物工数	工应分粮数	合计应分粮	自然人平均	每人每月平均	夏季平均超过三定15%	安排口粮月份	备注
张新有	2	2.3							2	2.3	103.5		6.9	181.85	40	150.4	75	25		3个月	
赵兴正	7	7							7	7	315		21	356	78.3	414.3	58.8	19.4			
金花有	3	3							3	3	135		9	216.3	47.6	191.6	43.8	21.3			
赵顺明	4	3.4	1	0.4					3	3	153	3.8	10.2	200.55	44.1	203.5	50.9	17			
赵双子	1	1.5							1	1.5	67.5		4.5	70	15.4	87.4	87.4	29.2			
姚尔合	4	4							4	4	180		12	199.4	43.9	235.9	57	19			
王大财	3	2.6			1	0.6			2	2	117	6.8	7.8	84.9	18.7	75.5	25.7	8.3			
肖振东	2	2.3							2	2.3	103.5		6.9	84.45	18.6	130	65	21.6			
小计																					

天龙沟生产队夏季口粮分配到户计算表

1965 年 6 月 17 日

户主姓名	自然人数	折合大人数									应分基本口粮数	未完成基本工应扣粮数	基本口粮再分的数	分实物工数	工应分粮数	合计应分粮	自然人平均	每人每月平均	夏季平均超过三定15%	安排口粮月份	备注
		合计	1—3		4—6		7—9		10 岁以上												
			人数	折成	人数	折成	人数	折成	人数	折成											
王家福	1	1.5							1	1.5	67.5	19.8	4.5	82	18	70.2	70	23.3			
王文正	3	3							3	3	153		9	133	29.2	191.2	53.6	17.9			
												91.6									

花岭八坡沟　分户粮食到户表

1965 年 3 月 18 号

八坡沟生产队下[夏]季口粮分配到户表

1965.6.17

户主姓名	自然人数	折合大人数									应分基本口粮数	未完成基本工应扣粮数	基本口粮再分的数	分实物工数	工应分粮数	合计应分粮	自然人平均	每人每月平均	夏季平均超过三定15%	安排口粮月份	备注
		合计	1—3		4—6		7—9		10 岁以上												
			人数	折成	人数	折成	人数	折成	人数	折成											
王大义	5	3.7	2	4			1	9		2	87.3	3	7.4	113	15.7	107.4	21.1	7.2			
张麦娃	2	2.3									60.5		4.6	157.9	22	87.1	43.6	14.5			
王大有	6	5.1									134.2		10.2	245.7	34.4	178.7		9.9			
王庆农	4	3.4									89.4	25.2	6.8	210	29.4	100.4	25	8.2			

续 表

户主姓名	自然人数	折合大人数									应分基本口粮数	未完成基本工应扣粮数	基本口粮再分的数	分实物工数	工应分粮数	合计应分粮	自然人平均	每人每月平均	夏季平均超过三定15%	安排口粮月份	备注
		合计	1—3		4—6		7—9		10岁以上												
			人数	折成	人数	折成	人数	折成	人数	折成											
何德正	5	4.4									116		8.8	275.9	38.6	163.4	32.6	10.9			
王大全	2	2.3									60.5		4.6	84.2	14.8	76.9	38.5	12.8			
焦成门	8	7									184.1		14	248.8	34.9	233	28.9	9.5			
杜长富	4	4									105.2		8	167	23.4	136.6	34	11.3			

下[夏]季口粮分配到户表

1965年6月17日

户主姓名	自然人数	折合大人数									应分基本口粮数	未完成基本工应扣粮数	基本口粮再分的数	分实物工数	工应分粮数	合计应分粮	自然人平均	每人每月平均	夏季平均超过三定15%	安排口粮月份	备注
		合计	1—3		4—6		7—9		10岁以上												
			人数	折成	人数	折成	人数	折成	人数	折成											
郭德才	5	4.4									116	41	8.8	171	23.9	148.7	29.6	9.9			
丁现成																					
供三女																					
合计												69				1 232.2					

一九六五年夏季社员口粮分配决算清册

山咀生产队

1965 年 7 月 30 日

山咀生产队六五年夏季口粮分配计算表

1965.7.29

项目 姓名	自然人数	折合大人									基本口粮平均数	应分基本口粮	未完成基本工应扣粮数	再分数每人平均	基本口粮再分数	应分实物工数	每个劳动日值	工应分粮数	合计应分粮	每人平均数	每人每月平均	安排月份	备注
		1—3		4—6		7—9		10 岁以上大人		合计													
		人数	折成	人数	折成	人数	折成	人数	折成														
马厚福	7	7						7	7	62	434	4	1.5	10.5	377.8	0.35	132.3	577.2	82.4	27.4	3		
陈启朝	5	5						5	5		310			7.5	317.3		111.1	428.6	85.7	28.5	3		
周双林	1	1.5						1	1.5		93	10		2.3	105.6		37	122.3	122.3	40.7			
邱声财	5	4.4	1	0.5				4	4		272.8			6.6	235.7		79	358.4	71.7	23.9			
刘恒珍	6	5.9				1	0.9	5	5		365.8	40		8.9	200		70	404.7	61.4	22.5			
刘来娃	1	1.5						1	1.5		93	4		2.3	107.9		36	127.3	127.3	42.4			
刘西合	1	1.5						1	1.5		93			2.3	66.1		23.1	118.4	118.4	39.5			
何崇旭	7	6						5	5		372	23		9	169.6		59.4	417.4	59.6	19.8			
何昌福	6	5.4						5	5		334.8	52		7.1	126.8		44.4	334.3	22.7	17.2			
合　计											2 368.4	139					592.2	2 988.6					

西院生产队六五年夏季口粮分配表

1965 年 7 月 14 日

项目 姓名	自然人数	折合大人									基本口粮平均数	应分基本口粮	未完成基本工应扣粮数	再分数每人平均	基本口粮再分数	应分实物工数	每个劳动日值	工应分粮数	合计应分粮	每人平均数	每人每月平均	安排月份	备注
		1—4		4—6		7—9		10 岁以上大人		合计													
		人数	折成	人数	折成	人数	折成	人数	折成														
何昌隆	6							6	6	6	62	372		1.5	9	259.2	0.35	90.7	471.7	78.5	26.2	3	
吴家来	4					1	0.9	3	3	3.9		241.8	3		5.9	171.5		60	307.7	76.9	25.6	3	
刘全新	5	2	0.8					3	3	3.8		235.6			5.7	108.3		37.9	279.2	55.5	19.6		
柯大有	5	1	0.4			1	0.9	3	3	4.3		310			6.5	208.7		73	389.5	77.9	25.9		
邱堂喜	7	1	0.4					6	6	6.4		396.8			9.6	389.9		137.5	543.9	77.7	25.9		
刘从喜	6							6	6	6		372			9	243.5		85.2	466.2	78.4	26.1		
王治来	1							1	1.5	1.5		93	74		2.3	73.35		25.7	47	47	15.6		
合　计												2 027.2	77					510	2 505.2				
总　计	16									73		4 395.6	216					1 102.2	5 398.8				

梨树沟队

口粮计算到户表

1965 年 7 月 29 日

户主姓名	自然人数	折合大人数									应分基本粮	未完成工扣回粮数	扣回粮再分平均	扣回粮再分数	分实物工数	工值	应分粮食数	合计粮数	每人平均	每人每月平均	安排的月份
		合计	1—3		4—6		7—9		10 岁以上												
			人数	折成	人数	折成	人数	折成	人数	折成											
潘西江	7	6.3	1	0.4			1	0.9	5	5	441		2.6	16.4	231.1	0.44	101.7	559.1	79.9	26.5	
陈德方	7	5.7	2	0.8			1	0.9	4	4	399			14.8	215		94.6	558.4	72.6	24.2	
李全福	1	1.5							1	1.5	105			3.9	107.5		47.3	156.2	156.2	52.1	
钱富俭	1	1.5							1	1.5	105			3.9	109		48	156.9	136.9	52.3	
朱怀福	1	1.5							1	1.5	125	17		3.9	111.3		49	140.9	140.9	46.8	
吴长奎	4	4							4	4	280	33		10.4	131.3		57.8	315.2	78.3	26.2	
马厚林	8	7.3	1	0.4			1	0.9	6	6	511			19	337.2		148.4	678.4	84.8	28.2	
刘西春	4	4							4	4	280	32		10.4	218.5		9.6	268	67	22.3	
樊应贵	3	3									210	14.5		7.8	106.7		46.9	250.2	83.4	27.8	
代善有	4	3.3	1	0.4			1	0.9	2	2	231	7		8.6	149.5		65.8	308.4	77.1	25.7	
	40	38.4									2 667	103.5		99.1	1 520.5		669.1	3 341			

一九六五年夏季社员口粮分配决算清册

西院生产队

1965 年 7 月 30 日

西院生产队六五年夏季口粮分配表

1965 年 7 月 29 日

项目 / 户主姓名	自然人数	折合大人									基本口粮平均数	应分基本口粮	未完成基本工应扣粮数	再分数每人平均	基本口粮再分数	应分实物工数	每个劳动日值	工应分粮数	合计应分粮	每人平均数	安排月份	每人每月平均	备注
		1—4		4—6		7—9		10 岁以上大人		合计													
		人数	折成	人数	折成	人数	折成	人数	折成														
马后明	3	1	4					2	2	2.4	109.9	263.7	57	4.33	10.6	142.61	0.56	79.9	297.2	120	4	30	
马玉谋	5			1	6			4	4	4.6	109.9	5.5.5			20.4	237.63	0.56	133	658.9	145	4	36	
王家英	9					1	9	8	8	8.9		978.1			39.4	371.81		218.2	1 235.7	139	4	35	
马玉合	4							4	4	4		439.6			17.7	173.66		97.3	554.6	138	4	34.5	
何昌春	7							7	7	7		769.3			31	552.56		309.3	1 109.6	155	4	39	
马玉莲	4			1	6			3	3	3.6		395.6			15.9	187.2		104.8	516.2	139	4	35	
何昌让	4	1	4					3	3	3.4		373.6	94		15.1	152.04		85.1	379.8	111	4	27	
何昌汗	6	1	4	1	6			4	4	5		549.5			22.2	220.14		123.3	695	139	4	34.7	
何德存	7	1	4			1	9	5	5	6.3		692.3			27.9	226.87		129.1	849.3	134	4	34	
何昌郅	7	1	4	1	6	1	9	4	4	5.9		648.4	24		26.1	256.83		143.8	794.3	136	4	34.3	
小计	56	5	20	4	24	3	27	44	44	51.1	109.9	5 615.6	175	4.33	226.3	2 517.15	0.56	1 423.8	7 080.2		4		

西院生产队六五年夏季口粮分配表

1965 年 7 月 29 日

项目 户主姓名	自然人数	折合大人 1—4 人数	1—4 折成	4—6 人数	4—6 折成	7—9 人数	7—9 折成	10 岁以上大人 人数	10 岁以上大人 折成	合计	基本口粮平均数	应分基本口粮	未完成基本工应扣粮数	再分数每人平均	基本口粮再分数	应分实物工数	每个劳动日值	工应分粮数	合计应分粮	每人平均数	安排月份	每人每月平均	备注
何昌彦	8	2	8	1	6			5	5	6.4	109.9	703.4		4.43	28.4	287.15	0.56	160.8	892.6	139	4	33.7	
代定禄	5	1	4					4	4	4.4	109.9	493.4	97	4.43	19.5	73.96	0.56	41.4	457.3	116	4	27.1	
何昌海	3							3	3	3		329.7	13		13.3	115.43		64.6	394.6	131	4	32	
何昌连	4	1	4			1	9	2	2	3.3		362.6	90		14.6	140.14		78.5	365.7	121	4	25	
何昌启	3					1	9	2	2	2.9		318.7	20		12.8	125.38		70.2	371.7	127	4	32	
何崇怀	6							6	6	6		659.4			26.6	360.84		202	888	148		27	
何昌贵	4							4	4	4		439.6			17.7	293.06		163.6	620.9	155		29	
何昌岐	4	6	4	1	6			2	2	3		329.7			13.3	181.09		101.4	444.4	148		37	
何昌水	6	1	4	1	6			4	4	5		549.5			22.2	219.39		122.9	694.6	139		34.7	
何昌优																51.8		29	29				
小 计	43	6	2.4	3	1.8	2	1.8	32	32	38		4 186	220		168.4	1 848.24		1 034.4	5 158.8				
	99									89.1						4 369.3			12 239				

六五年口粮分配到户计算表　1965年以0月28日(原文如此——编者注)

项目/户主姓名	自然人数	折合大人									底[应]分基本口粮	未完成工基本口粮	扣减粮食数	扣回在分数	分配实物工	粮食数	合计粮食数	夏季分过数	秋季应分数	每人每月平均	安排的月份		备注
		1—4		4—6		7—9		10岁以上大人		合计													
		人数	折成	人数	折成	人数	折成	人数	折成														
马玉成	7	7							7	7	1 526	17	46		805.2	402.6	1 887.6	588.8	1 293.8	20.5	9		
陈启朝	5	5							5	5	1 090				683.9	342	1 432	437.2	994.8	22.1	9		
周双林	1	1.5							1	1.5	327	14	43		238.3	119.2	403.2	125	278.2	31	9		
邱声财	5	4.4	1	0.4					4	4	959.2				503	251.5	1 210.7	365.6	845.1	18.8	9		
刘恒玲	6	5.9					1	0.9	5	5	1 286.2	40	108		458.3	229.2	1 404.7	412.9	991.8	16.5	9		
刘来娃	1	1.5							1	1.5	329	30	81		229.1	114.6	360.6	129.9	230.7	25.6	9		
刘西合	1	1.5							1	1.5	327				156.2	78.2	405.2	120.8	284.4	31.6	9		
何从旭	7	6	1	0.4	1	0.6			5	5	1 308				437.4	218.2	1 499.7	425.7	1 074	17	9		
何昌福	6	53	1	0.4			1	0.9	4	4	1 177.2	14	37		355.1	177.6	1 318.8	341.1	977.7	18.1	9		
合　计	39	38.1									8 327.6		315		3 866.6	1 933.6	9 917.6		4 970.5				

六五年口粮分配到户计算表　1965 年 1 月 28 日(原文如此——编者注)

项目 / 户主姓名	自然人数	折合大人 1—4 人数	折合大人 1—4 折成	折合大人 4—6 人数	折合大人 4—6 折成	折合大人 7—9 人数	折合大人 7—9 折成	折合大人 大人 人数	折合大人 大人 折成	合计	底分基本口粮	末完成工基本口粮	扣减粮食数	扣回在分数	分配实物工	粮食数	合计粮食数	夏季分过数	秋季应分数	每人每月平均	安排的月份		备注
何昌隆	6							6	6	6	1 308				652	326	1 634	491.1	1 142.2	21	9		
吴家来	4					1	0.9	3	3	3.9	850.2				417.1	208.6	1 058.8	313.8	745	20.7	9		
刘权新	5	2	0.8					3	3	3.8	828.4				328.8	164.4	992.8	284.8	708	15.7	9		
柯大有	5	1	0.4			1	0.9	3	3	4.3	1 100				479.7	250	1 350	397.3	952.7	21.7	9		
刘崇喜	6							6	6	6	1 308				708.9	354.5	1 662.5	485.5	1 177	21.8	9		
邱堂善	7	1	0.4					6	6	6.4	1 395.2				934	467	1 862	561.1	1 301.1	20.6	9		
合　计	33									30.4	6 790				3 540.7	1 770.5	8 564		6 027				
总　计	72									68.5	15 117				7 407.3	3 704	18 477		12 996				

乌飞沟生产队

户主姓名	自然人口	口粮算准	基本口粮情况 人口	基本口粮情况 共分粮	基本口粮情况 原定工	基本口粮情况 实做工	基本口粮情况 少做数	基本口粮情况 应扣粮	实际分粮	一工代粮 工数	一工代粮 日值	一工代粮 粮数	总计	夏季已分	秋季应分	全年每人平均	每月平均	备注
张金彦	2	225	2.3	518	425	402	23	30	488		038	153	641	237	424	216	26	
赵新正	7		7	1 575	735	987			1 575			378	1 954	658	1 296	277	22	

续 表

户主姓名	自然人口	口粮算准	基本口粮情况						实际分粮	一工代粮			总计	夏季已分	秋季应分	全年每人平均	每月平均	备注
			人口	共分粮	原定工	实做工	少做数	应扣粮		工数	日值	粮数						
金花有	3		3	675	525	580			675			220	895	304	591	298	25	
赵顺明	4		3.4	765	500	496			765			189	954	327	627	240	20	
姚尔合	4		4	900	564	523	26	66	834			199	1 033	355	678	257	23	
赵双子	1		1.5	338	265	267			338			100	438	137	301	438	36	
王大才	3		2.9	652	440	312	128	100	552			119	671	190	481	225	19	
肖振东	2		2.3	518	230	230			518			87	605	207	398	302	26	
王德正	3		3	675	360	358			675			170	845	275	570	281	23	
王家福	1		1.5	338	305	280	25	40	298			106	404	113	291	404	33	

八坡沟生产队

户主姓名	自然人口	口粮算准	基本口粮		基本工		完不成		实际分粮	一工代粮			总计	夏季已分	秋季应分	全年每人平均	每月平均	备注
			人口	共分粮	原定工	实做工	少做数	应扣粮		工数	日值	粮数						
王大义	5	230	3.7	940	295	292	3	9	931		0.6	175	1 106			220	18	
张治业	2		2.3	584	390	380	10	30	554			228	782			391	33	
王庆文	3		2.4	610	328	322	6	18	592			193	785			260	22	
王文正	1		1.5	380	216	206	10	30	350			123	473			473	39	

续 表

户主姓名	自然人口	口粮算准	基本口粮		基本工		完不成		实际分粮	一工代粮			总计	夏季已分	秋季应分	全年每人平均	每月平均	备注
			人口	共分粮	原定工	实做工	少做数	应扣粮		工数	日值	粮数						
王大有	6		5.3	1 350	550	540	10	30	1 320			317	1 637			270	22	
何德正	5		4.4	1 118	550	616			1 118			370	1 550			330	27	
王大全	2		2.3	584	225	216	9	27	557			129	686			343	28	
焦成门	8		7	1 780	470	470			1 780			292	2 072			260	22	
杜长富	4		4	1 000	360	373			1 000			224	1 244			310	26	
郭德才	5		4.4	1 118	505	466	39	87	1 031			280	1 311			260	22	
供三女			1.5	360									360			360		

西院生产队六五年秋季口粮分配计算表

10 月 28 日

户主姓名	自然人数	折合大人									基本口粮平均	应分基本口粮	未完成基本工应扣粮数	分实物工数	劳动日值	工应分粮数	合计应分粮	每人平均	每月平均
		合计	1—4 岁		4—6 岁		7—9 岁		10 岁以上大人										
			人数	折成	人数	折成	人数	折成	人数	折成									
马后明	3	2.4	1	4					2	2	320.9	770.2	156	333	0.77	239.8	854	290	23
马玉谋	5	4.6			1	6			4	4		1 476.1		502.1		351.5	1 827.6	360	30
王家英	9	8.9				1	9	8	8			2 856		848.8		611.1	3 467	380	31
何昌春	7	7						7	7			2 246.3		1 193.8		859.5	3 105.8	414	34

续 表

户主姓名	自然人数	折合大人 合计	1—4岁 人数	1—4岁 折成	4—6岁 人数	4—6岁 折成	7—9岁 人数	7—9岁 折成	10岁以上大人 人数	10岁以上大人 折成	基本口粮平均	应分基本口粮	未完成基本工应扣粮数	分实物工数	劳动日值	工应分粮数	合计应分粮	每人平均	每月平均
马玉连	4	3.6		1	6			3	3			1 155.3		440.9		317.4	1 472.6	351	29.5
何昌让	5	2	8					3	3			1 219.4	189	341.6		246	1 465.4	290	24.5
何昌汗	6	5	4	4	1	6		4	4			1 604.5		530.9		387.2	1 986.8	330	27.5
何德存	7	6.3	1	4			1	9	5	5		2 071.7		546.5		393.5	2 415.2	305	25
何昌郅	7	5.9	1	4	1	6	1	9	4	4		1 893.3	70	547.4		394.1	2 287.4	300	24.5
何昌彦	8	6.4	2	8	1	6	1	9	5	5		2 053.8		661.9		476.6	2 530.4	310	25
代定禄	5	4.4	1	4					4	4		1 412	140	231.3		166.5	1 578.5	300	24.5

西院生产队六五年秋季口粮分配计算表

10月28日

户主姓名	自然人数	折合大人 合计	1—4岁 人数	1—4岁 折成	4—6岁 人数	4—6岁 折成	7—9岁 人数	7—9岁 折成	10岁以上大人 人数	10岁以上大人 折成	基本口粮平均	应分基本口粮	未完成基本工应扣粮数	分实物工数	劳动日值	工应分粮数	合计应分粮	每人平均	每月平均
马玉合	4	4							4	4	320.9	1 283.6		450.8	0.72	324.6	1 608.2	400	33
何昌海	3	3							3	3		962.7		370.3		266.6	1 229.2	400	33

续 表

户主姓名	自然人数	折合大人									基本口粮平均	应分基本口粮	未完成基本工应扣粮数	分实物工数	劳动日值	工应分粮数	合计应分粮	每人平均	每月平均
		合计	1—4 岁		4—6 岁		7—9 岁		10 岁以上大人										
			人数	折成	人数	折成	人数	折成	人数	折成									
何昌启	3	2.9					1	9	2	2		930.6	38.5	277.6		199.9	1 130.5	340	28
何崇怀	7	7							7	7		213.9		862.1		620.7	2 759.7	410	33.5
何昌贵	4	4							4	4		1 283.6		684.7		493	1 776.6	414	34
何昌岐	4	3	1	4	1	6			2	2		962.7	67	381.8		274.9	1 170.6	290	23.5
何昌水	6	5	1	4	1	6			4	4		1 604.5		541.3		389.7	2 004.2	33	27
何昌廷	4	3.3	1	4			1	9	2	2		1 054.8	203	346.4		289.4	1 141.2	366	23
合 计	101	89.9											863.5				27 355		

填报单位

六五年实产量统计表

项目 农作物名称	总　　产	集体部分	社员自营	备　　注
全年总计				
一、夏季				
其中：小麦 莞[豌]豆				
路　仁				
洋　芋				
洋　麦				
扁豆麦				
其　他				
二、秋季				
玉　米				
黄　豆				
小　豆				
谷　子				
红　蒜				
萝　豆				
荞　麦				
其　他				

生产队长章　　　　填表章

六五年产量表实际产量

队　名	玉米	黄豆	小豆	红术[薯]	谷子	荞麦	其它[他]	小计	夏季产量	全年总计	备注	
乌飞沟队	5 659	1 611	1 303	182	105	150		9 010	3 685	12 695		
八坡沟队	11 653	1 600	1 091	538	414			15 296	2 747	18 043		

这个产量以今年实产量再不变动，再要产量照表搬家填写。

山咀队实产量表

1965 年 11 月 30 日

名　称	实际产量	扣除部分						分配口粮	其中：							备考
		公粮	购粮	籽种[种子]	饲料	储备	合计		基本口粮			劳动粮数				
									粮数	标准人	平均	数数	工数	工值	%	
总合计	26 488	720		3 076	150		3 946	22 542	18 033	263	21.7	4 509	7 407	0.62	2	
1. 夏季粮食	7 057	214		1 396			1 610	5 447								
2. 秋季粮食	19 431	506		1 680	150		2 336	17 095								
（1）玉米	13 251	506		600			1 106									
（2）莞[豌]豆	3 660			600	150		750									
（3）小豆	1 021			200			200									
（4）谷籽[子]	480			5			5									
（5）红术[薯]	584			200			200									
（6）荞麦	395			35			35									
（7）绿豆	40			40			40									

收入总计			国家税		公积		公益		管理费		生产费用		其它[他]		合计			社员分配			备注
农业	林牧业	其它[他]	总计	金额	占%	金额	占%	金额	占%	金额	占%	金额	占%	金额	占%	金额	占%	上交大队现金	金额	全队总工	节日交数
1 176.76	659.58	5.31	1 841.65	64.83	4.1	110.50	6	36.1	2	10.04	0.55	220.88	13	0.25		442.6	25	11.88	1 387.16	4 458	0.311
1 665.48	408.25	2.35	2 076.08	77.29	3.3	104	5	62.30	3	10.00	0.5	249.56	13.9			503.15		9.20	1 563.13	426.6	0.366

八坡沟　　填表人　　报出日期　12 月 10 号

65 年 12 月 31 日

填报单位八坡沟生产队六五年粮食分配方案表　表一

参加分配的			集体产量				扣除										社员分配		分配形式		社员自营		集体加	
户数	人口		六四年实产	六五年产量		比六四增减%	公购			留种		留料		备购		合计	口粮	每人全年平均	人成开数	基成开数	产量	每人全年平均	粮数	每人全年平均
	实有人	标准人		总产	其中：秋季		小计	公粮	购数	面积	留种	役牛(头)	留料	储备粮	超购粮									
11	43	39		18 468	15 721			576		65	2 172	3	90	183		3 021	15 447	358	8%	20%				

生产队长盖章　　　　会计盖章　　　　贫协小组盖章

65 年 12 月 31 日

填报单位乌飞沟生产队六五年粮食分配方案表　表一

参加分配的			集体产量				扣除										社员分配		分配形式		社员自营		集体加	
户数	人口		六四年实产	六五年产量		比六四增减%	公购			留种		留料		备购		合计	口粮	每人全年平均	人成开数	基成开数	产量	每人全年平均	粮数	每人全年平均
	实有人	标准人		总产	其中：秋季		小计	公粮	购数	面积	留种	役牛(头)	留料	储备粮	超购粮									
10	30	31		12 761				532	569	64	1 500	3	90	60		2 751	10 010	333	8%	20%				

生产队长盖章　　　　会计盖章　　　　贫协小组盖章

花岭大队自留地、自留树登记表

自留柴山登记账　花岭队

姓　名	柴山亩数	柴山地址
朱怀富	0.5	房后坡
吴长奎	2	后门阳坡
马后林	5	房后林和大明坡
刘西春	2.5	门上阳坡
吴家来	2	门下凹阶阳春树两棵桐树四棵
刘全兴	1	房后坡
柯大有	2.5	房后坡
邱堂善	2.5	房后坡
刘崇喜	3.5	阴坡除柳树五棵松树两棵
何昌隆	3.5	房后坡荒山除
何崇来	3	楼房沟队坡
何崇旭	3	上河阴坡
何昌福	2.5	五昌亩后坡
刘恒玲	4	房后阳坡
陈启朝	3	马定房后坡，除舍树8棵
马玉成	4	后边
邱声财	3.5	档树坡
赵山林	3	门前和房后坡
金花有	1.5	房后坡
姚尔合	3.5	小东沟坡
何昌至	2.5	大路门前阴坡
程美合	2	对门坡
肖振东	1	大凹口

续 表

姓 名	柴山亩数	柴山地址
王大财	3.5	对门阴坡
马玉连	2.5	对门阴坡
何昌顺	3.5	学堂湾阴坡
马玉合	3.5	大凹和门前阴坡
王家英	4.5	南凹荒山春树 6 棵秋树 2 棵
马玉谋	3.5	小阴凹和门前
张兴有	1	大岭凹阴坡
何昌彦	4	房后坡大阴凹阴坡
郝冬秀	3	春树凹阴坡房后坡
何昌汉	3.5	旱树凹
何德存	3	房后坡和常记凹
何昌海	2	阴坡坪坡和房后坡
张麦娃	1	房后坡
郭德才	1.5	柿子曹阳坡
焦成门	3.5	房后坡和对门阴坡
何德正	2	房后坡阻面门除柏树 18 棵杨树 5 棵
王大有	2.5	老坟后坡除南山朝树 30 棵
王庆红	1	房后阴坡
何崇怀	6.5	坟前凹和犁树凹门前
何昌贵	3.5	无龙湾口阴坡和碾子沟脑 荒山除梨树 10 棵松树 25 棵
何昌水	2.5	门前和西台机
陈德方	3	门前阴坡
潘西江	3	对门凹上口

说 明

一、本表适用于所有农村人民公社基本核算单位年终收益分配情况的汇总。

二、表内各项收入都应该按可分配的毛收入填列，不得按扣除生产费用之后的净收入填列。

三、表内的各项费用是指当年应负担的费用，包括农林牧副渔各业生产费用、管理费用和其他费用。这些费用一定要全部列入本表，不得拖转下年。

四、表内所列各项收入、支出、分配一定要按当年实际收支填列，不要因为比例看着不适当就任意增减。

五、在无上年结转的收入数，结转多少，是否包括在本表收入之中；是否扣留下年生产费用，留了多少；今年有无借贷关系，如借人[入]银行贷款，或归还银行贷款数等，有多少，请在说明中加以说明，并列出以上几项的绝对数字。

六、本表补充资料第（六）项数字，包括非基本核算单位分给社员的收入，由公社按每个生产队的每人平均数统计填报。

63 年冬给社员自留果树册

花 岭 大 队

（伍坤明手登记）

何从亮：自留地柿子树 3 棵，核桃树 1 棵，留门上阴坡河边柿子树 1 棵，核桃树 1 棵

何昌福：自留河边介尽上樟树 1 棵，留门下河边核桃树 1 棵

何从耀：留门下河边核桃树 1 棵，柿子树 1 棵

刘崇喜：留门下阴坡核桃树 1 棵，下边柿子树 1 棵

何崇良：留炉房沟不沟口房往凹下核桃树 1 棵，沟贸柿子树 1 棵

刘恒玲：留水井凹核桃树 1 棵，房后 1 棵

刘来娃：留小沟口以上核桃、柿子树各 1 棵，自留地核桃树 1 棵

柯大有：留大凹口柿子树 1 棵，核桃树 1 棵，留梨树、毛梨树各 1 棵

邱堂善：自留地核桃树 2 棵，留门上对沟核桃树 1 棵，留门前柿子树 1 棵

赵山林：留土地庙前后柿子树 1 棵，核桃树 1 棵

赵山林：自留地核桃树 1 棵

金花有：留门前路边柱子树 2 棵，自留地边柿子树 1 棵

姚尔合：自留地边核桃树 1 棵，门前柿子树 1 棵

赵顺明：大核桃树 1 棵

肖振东：留大凹柿子树1棵，自留地边柿子树1棵，梨树1棵

王大才：留上橹核桃树1棵，大岗子柿子树1棵，自留地边核桃树3棵，核桃树2棵

王狗娃：留门前柿子树1棵，小凹橹核桃1棵，梨树1棵

何昌顺：留大凹核桃树1棵，明坡留柿子树1棵，自留地柿子树1棵

马玉边：留后头凹大石岗核桃树1棵，上边核桃树1棵

马玉合：留门前柿子树1棵，核桃树大凹口1棵

王家英：留水沟跟核桃树1棵，洋江地柿子树1棵，自留地边柿子树5棵

马玉谋：留黄河八嘴核桃树1棵，柿子树1棵

马后明：留王家门前核桃树1棵，柿子树1棵

王大有：留门间民路边柿子树1棵，潮沙岗子核桃树1棵，门间自留地柿子树1棵

王庆宏：留房后凹头上柿子树1棵，后门核桃树1棵

张麦娃：留门下路边柿子树1棵，核桃树房山1棵，自留地核桃树1棵，梨树1棵

王大义：留门上路边核桃树1棵，小沟柿子树1棵，自留地柿子树1棵

陈德芳：留满家门上一棵核桃树，自留地柿子树一棵，留陈德芳的柿子树一棵在满家门下阴坡边

满希江：留房后核桃树1棵，柿子树1棵

朱怀富：留房核桃树一棵，柿子树1棵

代善有：留场边水井路边柿子树一棵

马后来：留场边核桃树1棵，柿子子树1棵，在自留地边

刘希春：留沟上柿子树一棵，核桃树一棵，在门下路前

马后福：留自留地边柿子树5棵，核桃树2棵

马后福：留东檀口核桃树1棵

陈启朝：留炉房沟河沟边柿子树一棵，火烧核桃一棵，炉房沟犁子树一棵，自留地边5棵，柿子树还有两结食了，核桃树2棵

邱声财：留大凹房场柿子树1棵，核桃树自留地边2棵

吴家来：留门下阴坡凹核桃树1棵，阴坡边柿子树1棵，自留地边核桃树、柿子树各1棵。

刘全新：留门前河边核桃树一棵，地里边小棵柿子树 1 棵

王治来：房场核桃、柿子各 1 棵

看□社员自留地登记册

花岭大队

一九六三年九月八日

八坡沟生产队

姓名	人口	成分	面积	座落	东	西	南	北
郭德才	3	自留地	0.3	自留地汪家台子房后	扁路	大朝树龙	场扁	龙根
		饲料地	0.1	饲料等坑凹	些练	沟渠	扁路	龙根
		打大地	0.3	2 块等坑凹	些练	沟渠	扁路	龙根
杜长富	4	自留地	2 块 0.4	门前黄泥吧	柏树屯	面画	面画	小渠
		饲料地	0.1	大嘴口阳坡	小渠	石渠	沟渠	松树下
		打大地	3 块 0.4	阳坡画	沟渠	扁路	沟渠	小渠
丁现成	1	自留地	0.1	大嘴品	高见	石练	坡根	坡根
焦成门	7	自留地	0.7	门见底	沟渠	坡根	大石头	竹顶
		饲料地	0.1	门前扁路下	小渠	树枝	扁路	小路
		打大地						
何德正	4	自留地	0.4	门上石曹	坡根	坡根	社会地半	闸口
		饲料地	2 块 0.1	耳扒曹脑	地半	坡根	社会地半	闸口
		打大地	4 块 0.4	小沟前渠	王大全地半	渠	小渠	石坡
王大全	1	自留地	0.1	前渠阳坡石曹	座脑龙	何德正地	砖地	小渠
		饲料地	0.1	乌呀坟	石坡	乌呀坟	荒坡	石坡
		打大地	2 块 0.2	小沟扁路上下	扁路	渠	王大义地半	渠

续 表

姓 名	人口	成 分	面 积	座 落	东	西	南	北
王大义	4	自留地	0.4	土芥上	半大练	河边	张治业	社上地半
		饲料地	0.1	小沟渠阴坡	荒坡	扁路	沟渠	石原
		打大地	3 块 0.3	焦成门柴山大西岔阴坡	何德正地半	地边	扁路	产晒场
张治业	2	自留地	0.2	门下房山头台	大练	河边	练根	王大义新房
		饲料地	0.1	门下下原	大石原	大原	小渠	小渠
		打大地	2 块 0.15	土养房后山	石练	社上地半	柴山地边	石坡
王大有	5	自留地	0.5	房后凸	座晒看	大渠	树板	树板
		饲料地	0.1	坡坑凸	渠	小渠	扁路	座晒光
		打大地	0.2	坡前凸	地半	渠	小渠	荒坡
王庆宏	3	自留地	0.3	水井路上路下	沟渠	扁路	大路	坡根
		饲料地	0.1	门前坡	下扁	春树	石泉	饕
		打大地						
冯成辛	2	自留地	2 块 0.2	对门坟坑黄吧	社会地半	路	成门半	石渠

西院生产队

姓 名	人口	成 分	面 积	座 落	东	西	南	北
王家英	9	自留地	4 块 0.9	门上芋园	河渠	石练	沟渠	坡根
		饲料地	0.1	核桃树凹	坡根	坡根	石练	荒坡
		打大地	5 块 0.7	安家岭下和房后坡	坡根	荒坡	河渠	荒坡
马玉谋	6	自留地	0.6	小岭路下	马房前	大路	河边	路
		饲料地	0.1	梨树上	洼树	荒坡	荒坡	沟渠
		打大地	2 块 0.2	核桃树凹	座面	小渠	荒坡	坡根
马后明	2	自留地	0.2	小岭路下	社上地半	马玉谋地半	河边	大路
		饲料地		后头凹脑	坡根	坡根	石练	荒坡
		打大地						

续 表

姓名	人口	成分	面积	座落	东	西	南	北
马玉合	7	自留地	0.7	房后凹大岭子	石练	社上地半	社上地半	坡根
		饲料地	0.1	学堂湾				
		打大地	0.1	房后渠	荒渠	荒坡	渠	片树
何昌顺	7	自留地	0.7	门口房山河	大路	场边	河边	大路
		饲料地	0.1	马玉谋房后台	磨晒	渠	树半	渠边
		打大地	3块0.6	学堂湾阴坡凹	树半	树兰	荒坡	树半
马玉连	4	自留地	0.5	门口平地	路	初上地半	河边	场边
		饲料地	0.1	门前凹	石练	坡根	树半	坡根
		打大地	2块0.2	门前凹	坡根	树半	石曹脑	凹口
何昌让	5	自留地	0.5	门间底	何昌汗	路	河边	场边
		饲料地	0.1	春树凹脑	荒半	何昌汗柴山	坡根	荒坡
		打大地	2块0.3	大石头坡	何昌让	昌汗半	土龙	荒坡
何昌汗	5	自留地	0.5	门间底	路	何昌让	河边	场边
		饲料地	0.1	春树凹阴坡	荒地	荒地半	李定成	何昌章
		打大地						
何昌战	2	自留地	0.2	门前场边	路	石练	河边	场边
		饲料地	0.1	核桃树凹	小渠	河渠	石练	荒坡
		打大地	0.2	大石头坡	荒地半	何昌让	土龙	荒地半
何德存	6	自留地	0.6	碾子凹口竹坑	河渠	河渠	竹园	代宝祥
		饲料地	0.1	碾子凹坡	土龙	中路	坡根	扁路
		打大地						
郝冬秀	6	自留地	0.6	碾子坪	河渠	何昌彦	大路	坡根
			0.1	长记凹口	何昌汗	初上地半	河渠	荒坡
李安成	2	自留地	0.2	竹园凹脑	河渠	树半	顷园	何昌汗
		饲料地	0.1	春树凹阴坡	晒半	座晒	荒半	何昌汗
		打大地	4块0.2	长记凹口渠	渠	荒半	郝冬秀	荒半

续 表

姓 名	人口	成 分	面 积	座 落	东	西	南	北
何昌彦	7	自留地	0.7	碾子坪	昌治	工路	大路	猪圈
		饲料地	0.1	春树凹阴坡	荒半	座晒	何昌海	荒半
		打大地						
代定禄	7	自留地	0.7	店后大路	路	坡根	荒坡	河渠
		饲料地	0.1	店后大路	大路	何昌海	河渠	扁路
		打大地	2块0.4	小凹	小渠	荒坡	石卡	荒坡
何昌海	4	自留地	0.4	房后凹	河渠	小渠	石练	荒坡
		饲料地	0.1	小凹脑	树半	社上半	荒坡	树半
		打大地						
何昌连	4	自留地	0.4	上庙子	雷彩莲	路	水池	大路
		饲料地	0.1	门前阴坡凹	碏脑	荒坡	树半	何昌其
		打大地						
雷彩莲	2	自留地	0.2	五壮地上庙子	何崇怀	何昌连	河边	大路
		饲料地	0.1	黄泥咀后凸	土龙	荒地半	社上半	何昌海
		打大地						
何德焕	2	自留地	0.2	五壮地上庙子	社上半	何崇怀	河边	大路
		饲料地						
		打大地						
何崇怀	7	自留地	0.7	五壮地上庙子	何德焕	何昌路	河边	大路
		饲料地	0.1	顷园凹脂	荒坡	树半	树半	荒坡
		打大地	1块0.2	东沟脑小凹	荒坡	树半	树半	石原
何昌贵	4	自留地	0.4	黄泥吧	社上半	河渠	队上半	大路
		饲料地	0.1	梨树挡	河渠	坡根	小渠	坡根
		打大地	2块0.3	碾子沟阳坡	何昌其	荒坡	小渠	坡根
何昌其	3	自留地	1块0.3	房山项	河渠	坡根	河渠	何昌贵
		饲料地	0.1	门前阴坡	荒坡	荒坡	何昌连	梅子树
		打大地						

续 表

姓 名	人口	成 分	面 积	座 落	东	西	南	北
何昌水	3	自留地	0.4	东河口	河渠	荒坡	石练	坡根
		饲料地	0.1	采河渠	队上半	渠凸	渠凸	队上半
		打大地	1块0.2	门前凹	坡根	坡边	石曹脂	河边
何德禄	2	自留地	0.2	门下房山	河渠	房山	大路	石练
		饲料地						
		打大地						

梨树沟生产队

姓 名	人口	成 分	面 积	座 落	东	西	南	北
潘西江	6	自留地	0.6	门下	河边	队上地半	河渠	场边
		饲料地	0.1	宋风槽阴坡	小渠	荒地半	座晒	荒地半
		打大地	0.5	阴坡凹	荒坡	荒坡	石练	事砍
陈德方	6	自留地	0.6	门下	河渠	屋场	河渠	扁路
		饲料地	0.1	门下阳坡	坡根	荒坡	潘西江	荒地半
		打大地	2块0.3	门上阴坡	石渠	大路	座晒	石练
朱怀富	1	自留地	0.1	门中路上	大路	代善有	路	土坡
		饲料地	0.1	小凹脑	队上半	荒坡	队上半	荒坡
		打大地	0.1	小凹口乱坟坡	上看	荒坡	座晒	荒坡
杨英贵	3	自留地	0.3	房后凹	河渠	坡根	代善有	石练
		饲料地	3块0.1	西咀	荒坡	荒坡	代善有	荒坡
		打大地	1块0.2	路同	坡根	扁路	荒坡	队上半
代善有	4	自留地	0.4	水井路上	朱怀富	河渠	路	上番子
		饲料地	0.1	石管上	坡根	河边	石原	马路
		打大地	2块0.2	石管凹	荒坡	荒坡	荒地	杨英贵
吴长奎	6	自留地	0.6	竹园上下	顷园	河边	石原	场地
		饲料地	0.1	竹园凹口	石练	竹园	荒坡	荒坡
		打大地	1块0.3	松树凸	荒坡	渠	荒坡	荒坡

续 表

姓名	人口	成 分	面 积	座 落	东	西	南	北
马厚林	9	自留地	3块0.9	竹园凹	河渠	路	河口	大路
		饲料地	0.1	石管凸	荒坡	小渠	石练	荒地半
		打大地	4块0.5	小凹口	荒坡	小渠	人塔	荒地半
刘西春	5	自留地	0.5	门下	河边	凹脑	河渠	场边
		饲料地	0.1	门下太阳坡	队上半	扁路	河渠	渠
		打大地	2块0.2	门前凹	荒坡	荒坡		
马玉成	8	自留地	0.8	门上坪	场边	河边	河边	根坡
		饲料地	0.1	梨树沟下岭	坡根	石坡	大路	路
		打大地	2块0.3	代树凹阴坡	小渠	树半	树半	陈启朝
陈启明	6	自留地	0.5	门上坪	场边	队上地半	坡根	河边
		饲料地	0.1	代树凹阴坡	马厚福	树半	荒坡	荒坡
		打大地	1块0.2	代树凹扁路	小渠	荒坡	渠	荒坡
邱声财	3	自留地	0.3	门口	路	石练	队上半	石凸
		饲料地	0.1	大凹扁路下	荒坡	大路	荒坡	场边
		打大地						
何崇良	3	自留地	0.4	门口	何昌福	石练	何崇德	毛刚
		饲料地	0.1	炉房沟口凸	荒半	荒地半	树半	渠边
		打大地	2块0.2	杨花沟凸	荒半	队上地半	荒半	荒地半
何崇旭	5	自留地	3块0.5	门口	何崇良	河边	路	场边
		饲料地	0.1	炉房口搞花洞凸	队上地半	河渠	荒坡	荒坡
		打大地						
何昌福	5	自留地	0.5	门下坪	队上地	河边	何昌隆	坡根 何崇良
		饲料地	0.1	四房凹后凸	队上地	扁路	何崇旭	荒渠
		打大地	1块0.5	邱声财大咀	荒地	荒坡	荒坡	荒渠
何昌隆	7	自留地	0.7	门口场上	场边	河边	荒坡	坡根
		饲料地	0.1	炉房沟房场子后坡	坡根	小渠	荒坡	荒坡
		打大地	1块0.5	炉房沟阴坡	树林半	树林半	坡根	荒坡

续 表

姓 名	人口	成 分	面 积	座 落	东	西	南	北
刘恒珍	6	自留地	0.6	门口	场边	河渠	路	大路
		饲料地	0.1	门前阴坡	坡脑	荒坡	坡根	队上半
		打大地	1块0.1	水井凹口凸	荒坡	荒坡	坡根	小渠
刘来娃	2	自留地	0.2	房后凹	槽边	队上地半	槽边	槽脑
		饲料地	0.1	牛金凹	石练	槽边	树半	坡边
吴家来	5	自留地	3块0.5	上庙子	队上半	坡根	大路	河边
		饲料地						
刘全员	4	自留地	0.4	门口	门口	坡根	柯大有	路
		饲料地	0.1	小坟园咀坡	坡根	荒坡	荒坡	队上半
		打大地						
柯大有	5	自留地	0.5	门口桥下	队上地半	坡根	河渠	河边
		饲料地	0.1	大四房场后坡	石练	河渠	荒坡	小渠
		打大地	2块0.3	大咀口阴坡	荒坡	队上地半	树半	树半
周从林	1	自留地	0.1	堂善门前阴坡	队上地半	坡根	河渠	河边
		饲料地	0.1	柏树凹口	槽边	荒地	渠	荒坡
		打大地						
刘崇春	5	自留地	0.5	大长场上	场边	河边	邱堂善	坡根
		饲料地	0.1	油房咀生地	队上半	荒坡	树半	荒地
		打大地	2块0.2	油房咀口凸	路	荒坡	队上地	荒坡
王治来	1	自留地	0.1	门口路边	河边	路	大石头	坡根
		饲料地	0.1	邱士有房坡	梁	荒坡	大石头	坡根
		打大地	1块0.1	柯家房后凹坡园	队上半	荒坡	大石头	坡根
邱堂善	5	自留地	0.5	门口下	刘崇春	河边	场边	坡根
		饲料地	0.1	胡叶树凸	荒坡	荒坡	赵山林	树半
		打大地	1块0.1	沙拔	大石头	坡根	大石头	河边

乌飞沟生产队

姓名	人口	成分	面积	座落	东	西	南	北
张金彦	2	自留地	0.2	金花有门上	金花有	河边	队上半	坡根
		饲料地	0.1	专槽阴坡	槽边	荒坡	不合	荒坡
		打大地	2块0.2	何昌让门下凸	小渠	队上地半	河渠	荒坡
赵山林	6	自留地	0.6	门下	队上半	大河	路边	坡根
		饲料地	0.1	阴坡凹	石岩	荒坡	荒坡	荒坡
		打大地	2块0.3	阳坡凹核桃树	核桃树	荒坡	荒坡	荒坡
金花有	3	自留地	0.3	门上	场边	大河	张金秀	坡根
		饲料地	0.1	大岭槽子	小渠	槽边	小渠	渠
		打大地	2块0.3	阴坡杨树枝	小渠	槽边	荒坡	队上半
赵顺明	3	自留地	0.3	房山东西两头	河渠	坡根	场边	门边路
		饲料地	0.1		小渠	荒坡	长渠	坡根
		打大地	1块0.3		铁石岩	槽边	荒坡	树枝
姚尔合	4	自留地	0.4	门口下	队上半	河边	门口路	坡根
		饲料地	0.1	长槽阴坡	石岩	河渠	石岩	小渠
		打大地	1块0.4	长槽阳坡	张金彦	赵顺明	土所	小渠
肖振东	3	自留地	0.3	门上门下	队上半	河边	路	坡根
		饲料地	0.1	门前凸	坡根	荒坡	荒坡	小渠
		打大地	2块0.1	肖家阳坡前	队上半	荒地	土所	荒坡
王大财	6	自留地	0.6	门上	路	大河	队上半	坡根
		饲料地	0.1	阳坡凹渠	队上半	渠	渠	荒坡
		打大地	1块0.1					
王家富	7	自留地	0.1	门河底下	路	河渠	石练	场边
		饲料地	0.1	门前凹咀坡	队上半	河渠	荒坡	小渠
		打大地	2块0.1	小槽子脑	槽边	石练	坡根	荒地

花岭大队生产计划、进度表格

花瓶乡双龙社 58 年计划和五年规划登记表　58 年 3 月 21 日

座落	面积	5 年规划内容	座落	面积	5 年规划内容	座落	面积	5 年规划内容	座落	面积	5 年规划内容

	林地	牧场	柴山	荒山	芦岩	造　林	面　积	梯　田
合计　一页	204 亩	477 亩	93 亩	165 亩	20 亩	58 年 86 亩		58 年 40 亩 59 年 8 亩
二页	139 亩	297 亩	515 亩	100 亩	20 亩	58 年 30 亩 59 年 10 亩		59 年 200 亩 60 年 250 亩
三页	810 亩	622 亩	252 亩	415 亩	60 亩	60 年 12 亩 61 年 12 亩		61 年 130 亩
四页	160 亩	250 亩	250 亩	230 亩	20 亩	58 年 86 亩		62 年 165 亩
合计　4 399 亩	613 亩	1 646 亩	1 110 亩	910 亩	120 亩		川台氏 58　42 亩	

集体测产册

花 岭 大 队

八 里 坡 沟 队

王大有门前底麦 5.5 斗

后尚麦 3.5 斗

大面麦 3 斗

土桥上洋芋 50 斤

土桥居后麦 5 斗

杍坡产麦 30 斤

阴坡产洋芋〈主〉30 斤

柳树湾洋芋〈主〉100 斤

焦成门门前洋芋〈主〉50 斤

小沟前产豆 1 斗

王大有门前洋芋 50 斤

大西岔洋芋〈主〉80 斤

羊元凹产麦 90 斤

水沟坪麦 4 斗

小片扁路粒 0.5 斗

小片坪后坡莞[豌]豆 80 斤

土桥以上麦 2 斗

石童底产麦 2 斗

土桥莞[豌]豆 10 斤

西院生产队

长金上坡小麦 11 石
马玉合后凹洋芋〈主〉80 斤
王家英门上小麦 6 斗
庙岭底小麦 3 斗
马玉模门上洋芋 50 斤
正沟脑小麦 7 斗
柿树阴坡洋芋〈主〉80 斤
尖嘴子洋芋 100 斤
春树凹小麦 2.5 斗
代房后坡小麦 3 石
店门口大石头小麦 1.3 石
梨树凹口小麦 4 斗
何昌其后北口小麦 4 斗
碾子沟洋芋 10 斤
西院台基洋芋 125 斤
核桃凹坡小麦 2 斗
对门山小麦 4 斗
何昌顺门口小麦 8 斗
王家英沟脑小麦 6 斗
马玉连门口洋芋〈主〉170 斤
小岭小麦 1.3 石
五道坟前洋芋〈主〉300 斤
阳坡产小麦 8 斗
鱼塘坪小麦 8 斗
阴坡坪洋芋〈主〉175 斤
五家坪小麦 8 斗
店门口路仁子 8 斗
碾子沟小麦 5 斗
东沟莞[豌]豆 40 斤

梨 树 沟

陈德方门下小麦 2 斗
门前坡扁豆 1.5 斗
东边营小麦 2.5 斗
大尚洋芋〈主〉400 斤
大坪小麦 3 斗
小凹洋芋主 30 斤
　　小麦 10 斤
莞[豌]豆 40 斤
朱怀福门上路仁子 40 斤
碾子对河小麦 4 斗
石关下小麦 4 斗
朱对门洋芋〈主〉15 斤
陈德方门前小麦 2 斗
桐树凹莞[豌]豆 3 斗，洋麦 2 斗
大尚小麦 0.6 斗
尖嘴小麦 2.5 斗
朱大坪小麦 7 斗
代后凹小麦 3.5 斗

三 咀 队

梨树沟口小麦 1 石
陈启朝门上洋芋〈主〉10 斤
下凸半豆子 1 斗
核桃树坪洋芋〈主〉209 斤
炉坊沟麦 3 斗
炉坊沟洋芋〈主〉50 斤

铁匠门口洋芋〈主〉50 斤

小麦 0.7 斗

五昌庙小麦 3 斗

代树沟莞[豌]豆 180 斤

吴家来门口 1.2 石

大凹口小麦 1 斗

邱声财门口路仁子 2.5 斗

油坊凹小麦 1 石

何从旭门下小麦 1.05 石

安朋凸半豆 40 斤

炉坊沟里洋芋 40 斤

代树沟洋麦 8 斗

水井凹口小麦　斤

何昌尤门上小麦 4 斗

大炸水洋芋〈主〉80 斤

沟下洋芋 30 斤

邱阴坡坪小麦 7 斗

大凹洋芋 150 斤

鸟　飞　沟

赵山林门下小麦 2 斗

金花有坪小麦 5 斗

赵山林门前洋芋 70 斤

老坟前小麦 3.5 斗

大岭曹洋芋 30 斤

小东沟阴坡洋芋 30 斤

姚尔合对门小麦 4 斗

立台庙前小麦 3 斗

大凹洋麦 10 斤 3

哨门下小麦 1 斗

王大财门下小麦 9 斗

王大财门上小麦 3.8 斗

洋麦 3.5 斗

小岭凹小麦 5 斗

金花有门上小麦 2.5 斗

赵顺明门口小麦 2 斗

单元下洋芋 105 斤

阳坡曹小麦 3 斗

姚尔合门口洋芋 30 斤

程门前小麦 1.5 斗

立台庙下路仁 0.7 斗

程坟前洋芋〈主〉150 斤

哨指东凹口半豆 0.8 斗

王大财门上洋芋〈主〉250 斤

路仁 0.5 斗

社员私人测产各户花名册

王怀春 126

王大有 81

张麦娃 40

郭德才 85

杜长福 65

马玉模 51

马玉合 41

马后民 32

王家英 137

马玉连 72

何坤明 61 斤

何昌启 42 斤

何昌其 47 斤

何昌水 70 斤

何昌贵 113 斤

乌成辛 37
焦成门 84
何德心 90
王大义 50
王大全 35
丁现成 25
合计 716 斤

何昌顺 88
何昌汗 78 斤
何昌郅 75 斤
何昌油 56 斤
何昌证 45 斤
何德望 80 斤
何昌炎 118 斤
何安林 83 斤
何德换 69
何昌海 69
代定录 33 斤

潘西江 63
陈德方 60 斤
朱怀福 34 斤
代善有 62 斤
刘西春 33 斤
马后林 82 斤
杨应贵 67 斤
吴长魁 78 斤
金福俭 8 斤
合计 487

陈启朝 62 斤
邱声才 60 斤
王治来 24 斤
何昌福 60 斤
何昌龙 92 斤
刘恒珍 73 斤
柯大有 73 斤
邱唐善 57 斤
姚尔合 40 斤
张兴有 32 斤
赵顺明 20 斤
王大才 44 斤

马后福 64 斤
刘从喜 78 斤
周双禾 13 斤
何从旭 45 斤
何从良 40 斤
吴家来 75 斤
刘全兴 47 斤
赵山林 98 斤
哨振东 22 斤
金花有 45 斤
王狗娃 10 斤

乌飞沟 311 斤

另量菓[果]树登记表

1958.5.6 日

王大有水井杉树一棵(3 把头)
张农有小岭凹椿树一棵
何德正店后坟元春树一棵

马玉连后凹杉树一棵
何昌治春树凹春树凹一棵
何昌海门下故坟里春树一棵

三　　咀

何昌福门口春树一棵
何从亮门上杉树一棵
赵英模大炸水杉树二棵
小岭桐树一棵
阳坡坪边杉树一棵
陈启朝门上杉树一棵
陈启朝五昌庙杉树三棵
邱堂善桐树三棵
王大才门上椴树一棵
何从旭门上阴春树一棵

各样数字汇报

花 岭 大 队

一九六三年五月廿一日

生产进度双日统计表 (　　　　表)

项　　目			7 18					
一、夏收总面积	193		253					
夏收已开始的大队数	1	1	1					
生产队数	5	5	5					
收割总面积	46	102	196					
其中：小麦	4	60	150					
杂粮	30	30	46					
洋芋	0		18					
油菜								
其他	12	12	12					
二、夏播总面积	193	124	193					
其中：玉米	50	78	161					
杂粮	32	32	32					
红菜								
其它[他]	14	14	14					
建立留种地(么[亩])	10							

续　表

项　　目			7 18					
夏选种籽[子](斤)	4 300	4 300	4 300					
参加夏收下[夏]播劳力	98	98	98					
其中：妇女劳力	34	48	48					
补助劳力	13	14	14					

(　　　　　表)

项　　目								
拾麦组数		5						
参加人数		20						
拾麦斤数		30						
夏播结束的大队								
生产队数								
秋田查苗补苗	230	230	268					
锄草(么[亩])	104	153	283					
其中工次			34					
追肥面积								
其中：二次								
捕捉虫害　只								
捕打猛兽　只								
春播面积	320							
脱粒粮食总斤数		1 350	1 060					

生产　　　统计表（　　　1　表）

项　目								
一、秋田管理								
01 锄草三次草的面积	80							
02 拔草面积	54							
03 三类苗追肥面积	6							
04 病虫害发生面积	18							
05 防治面积	18							
06 捕打害鸟只								
07 捕打害兽只								
二、08 种秋田面积	7							
三、立秋准备								
09 制定好计划的大队								
10 制定好计划生产队								
11 新制家具件数	43							
13 修补农具件数	74							
14 尚缺农具件数								
15 兑换子种[种子]生产队								
16 兑换子种[种子]斤数								
17 缺子种[种子]生产队								
18 缺子种[种子]斤数								

生产　　　统计表（　　　2　表）

项　目								
19. 积肥担数	4 350							
20. 其中几家肥	430							
21. 送肥地么[亩]数								
22. 准备农药斤数								
四、23. 秋收开始大队								
24. 秋收开始生产队								

续 表

项　　目								
25. 已收的面积								
26. 其中玉米								
27. 杂粮								
28. 已播种生产队	2							
29. 已播种面积	7							
30. 其中：小麦								
31. 　　　杂粮	6							
32. 油菜子	1							
五、33. 储备銅[铜]菜斤数	1 100							
六、秋收〈秋〉								
34. 发生偷盗起数								
35. 发生偷盗生产队								

生产　　　统计表　(　　　3　表)

项　　目								
36. 已处理起数								
七、防汛工作								
37. 抢修石栋条数								
38. 修排水沟条数	3							
八、39. 植林抚育面积	4							
40. 其核桃林面积	1							
九、41. 落实秋播面积								
其中：小麦								
杂粮								
其中莞[豌]扁豆麦								
油菜子[籽]								

秋季测产产量 （　　　表）

项　目	合计	山咀队	梨树沟队	鸟飞沟队	西院队	八坡沟队		
合计	62 579	14 412	8 928	7 225	23 212	8 802		
一、生产队集体产量	54 999	12 385	7 946	6 630	20 644	7 394		
二、社员自营产量	7 580	2 027	982	595	2 568	1 408		
油料作物(大麻籽)	90				70	20		

生产进度彙[汇]报 （　　　表）

项　　目	10.23	10.30						
01 落实秋播计划的大队数	1	1	5					
02 落实秋播计划的生产队	5	5	5					
03 药剂拌种斤数			1 100					
04 施肥担数	4 350	4 840	5 050					
05 送到地的么[亩]数	2 780	4 620	4 800					
06 秋收秋播开始的大队	1		1					
07 秋收秋播开始的生产队	5	5	5					
08 已收的面积	108	249	385					
09 其中：玉米	75	160	280					
10　　　杂粮	33	89	105					
11.　　　弘菜								
12. 翻地面积	58	68	72					
13. 修软栋面积	6	8	10					
14. 备石栋条数	4	6	8					
15. 已播的大队	1	1	1					
16. 已播的生产队	5	5	5					
17. 已播的面积	85	155	170					
18. 其中：小麦	52	107	120					
杂粮	33	48	50					

（　　　　表）

项　目	10.23	10.30						
20. 油菜								
21. 药剂处理土粮面积								
22. 施底肥的面积	65	88	105					
23. 建立留种地面积	24	24	24					
24. 打畦子的面积								
25. 备点播面积								
26. 培育丰产田面积	34	34	34					
27. 分布试验田面积	12	12	12					
28. 其中公社面积								
29. 大队面积	4	4	4					
30. 生产队面积	8	8	8					
31. 秋收秩序发生偷盗的队	2	2	2					
发生的起数	3	3	3					

当前中心生产日进度汇报　（1 表）

项　目								
一、缺苗面积　01	18							
补苗面积　02	18							
追肥面积　03								
冬苗面积　04								
防病虫害　05								
积肥担数　06	3 850							
开展付[副]业大队数　07	1							
生产队数　08	2							
参加劳力　09	30							
付[副]业总收入　10	300							
其中集体的　11	250							

续 表

项　　目								
开展小秋收大队	12	1						
生产队数	13	5						
参加劳数	14	32						
夏粮收粮斤数	15	135						
炒面淀粉克料	16	630						
干菜斤数	17	320						
缺牛草的大队数	18	1						
生产队数	19	1						

生产进度汇报 （2 表）

项　　目								
缺草斤数	20	4 000						
换草斤数	21	3 000						
修定饲料制度生产队	22							
调正[整]饲养员个数	23							
修补圈宿垧数	24							
非正常　头数	25							
应冬翻地么[亩]数	26	158						
已翻地么[亩]数	27	125						
造林面积	28							
其中经济林面积	29							
其中核桃林面积	30							
新炭林面积	31							
用柴林面积	32							
防护林面积	33							
补植林面积	34							
另垦植株数	35							

续 表

项　目								
育苗么[亩]数　36								
丰山畜林么[亩]数　37								

土地基本建设汇报　(3 表)

项　目								
1. 水利开展的款数								
其中：渠道条数								
涝池个数								
水井眼数								
增加有效沙滩面积								
绿化沙滩面积								
2. 新修梯田么[亩]数								
正[整]修梯田么[亩]数								
挖软埝数								
闸山沟么[亩]数								
控制水大流通面积								
朽[修]地沟么[亩]数								
修河滩的条数								
新修地么[亩]数								
保护老荒地么[亩]数								
参加冬修地劳力数								

丹凤县花坪子人民公社　　**统计表**　　填报时间六三年　　月　　日

指　标	单 位	合计	油坊	白庙	赵湾	花岭	花并	花中	蒿沟	落梳沟
一、麦田管理面积	么[亩]									
本队面积	么[亩]									
锄草面积	么[亩]									
应追肥	么[亩]									
已运肥	么[亩]									

续 表

指 标	单 位	合计	油坊	白庙	赵湾	花岭	花并	花中	蒿沟	落梳沟
其中追砍[碾]面积	么[亩]									
应碾面积	么[亩]									
已碾面积	么[亩]									
拾石头	么[亩]									
已拾石头	么[亩]									
防病虫害管理	么[亩]									
防治面积	么[亩]									
麦田总面积	么[亩]									
一类	么[亩]									
二类	么[亩]									
三类	么[亩]									

丹凤县花坪子人民公社 **统计表** 填报时间六三年 月 日

指 标	单 位	合计	油坊	白庙	赵湾	花岭	花并	花中	蒿沟	落梳沟
二、土地基本建设	么[亩]									
新修石栋条	条									
补修石栋条数	条									
培地硬条数	条									
新修梯田	么[亩]									
开山沟	条									
扩大面积	么[亩]									
其中修河滩地	么[亩]									
开荒面积	么[亩]									
开修渠道	条									
涝池										
水库										
修软栋										
改善码头										
土良改面积										

丹凤县花坪子人民公社　　**统计表**　　填报时间六三年　月　日

指　标	单 位	合计	油坊	白庙	赵湾	花岭	花并	花中	蒿沟	落梳沟
					1	1				
					250	138				
					260	140				
					6	5				
					4	3				
					215	108				
					40					
					60	30				
					50	40				
					2	3				
					15 400	5 230				
					15 300	5 120				
					100	110				
其中：红薯	斤									
洋芋	斤					1 450				
积肥	担				8 690	8 560				
已送到地	担				8 130	7 560				

丹凤县花坪子人民公社　　**统计表**　　填报时间六三年　月　日

指　标	单 位	合计	油坊	白庙	赵湾	花岭	花并	花中	蒿沟	落梳沟
么[亩]数	么[亩]				215	205				
	么[亩]				85	32				
	么[亩]									
	么[亩]				350	213				

续 表

指　　标	单 位	合计	油坊	白庙	赵湾	花岭	花并	花中	蒿沟	落梳沟
	么[亩]									
其中：洋芋	么[亩]				45	32				
玉米	么[亩]					2				
	么[亩]				3					
	么[亩]				15	8				
	么[亩]				8	13				
	么[亩]									
	么[亩]									
	么[亩]				120					
	么[亩]									
	么[亩]									
	么[亩]									
	么[亩]									
	么[亩]									
	么[亩]									
	么[亩]									
	么[亩]				80	30				
	么[亩]				1 200	65				
	么[亩]				150	30				
	么[亩]				40	15				
	么[亩]				80	20				

丹凤县花坪子人民公社　　　　**统计表**　　填报时间六三年　　月　　日

指　　标	单 位	合计	油坊	白庙	赵湾	花岭	花并	花中	蒿沟	落梳沟
					120	23				
					810	20				
					120	120				
					150	73				
					20	30				

续 表

指　　标	单 位	合计	油坊	白庙	赵湾	花岭	花并	花中	蒿沟	落梳沟
					92	52				
					510	180				
					2 500	215				
					850	145				
					320	105				
					530	40				
					224	105				
					202	98				

丹凤县花坪子人民公社　　　　**统计表**　　填报时间六三年　　月　　日

指　　标	单 位	合计	油坊	白庙	赵湾	花岭	花并	花中	蒿沟	落梳沟
夏播种子斤数			83							
脱粒斤数			1 200							
参加夏收劳力			98							
其中男的			34							
夏收结束大队										
生产队										
秋田查补苗			230							
锄草面积			84							
其中次										
追肥面积										
其中次										
捕捉害鸟数										
捕打害兽数										

丹凤县花坪子人民公社　　　　**统计表**　　填报时间六三年　　月　　日

指　　标	单 位	合计	油坊	白庙	赵湾	花岭	花并	花中	蒿沟	落梳沟

花瓶[坪]子人民公社生产进度统计表 1963 年 7 月

指　　标	油坊	白庙	赵湾	花岭	花并	花中	蒿沟	落梳沟
01　锄草	234	459	459	459				
02　其中：二次	53	138	234	384				
03　其中：三次			53	40				
04　追肥 么[亩]		12	6	8				
05　其中二次								
06　病虫害药面积	11	12	13	18				
07　防治面积	11	12	13	18				
08　捕打害鸟 只								
09　捕打害兽 只	6	6						
10　下洪面积								
11　其中二次								
12　播种面积	4	6		16				
13　其中粮食面积	4	6		7				
14　蔬菜				9				

统计生产日进度

花 岭 大 队

一九六三年十月十五日

征兵宣传汇报提纲

一、全面开展宣传的大队

组织宣传队　　个

参加的宣传员　人

组织宣传组　　个

参加的宣传员　人

听到宣传的人　数

二、适龄青年报名人　　数

兄弟相争数　　　人数

父母劝儿子　　　　人

未婚妻劝未婚夫　　人

适龄青年写决心书　份

申请书　　　　　　份

报名　　　　　　　人

三、宣传工具　　件

其中：黑板报　　　个

传话筒　　　个

写墙头标语　条

四、党团员包干　　人

其中三通的　　人

二通的　　　人

一通的　　　人

不通的　　　人

五、存在的问题是什么？

六、宣传是否有死角？

七、群众对征兵的反映是啥？

八、开展阶级宣传教育情况。

诉苦大仇深的农民讲三吏　人

召开诉苦会的　次　数

参加诉苦的　　人　数

九、请烈属和退(伍)军人的次　数

人　数

访问适龄青年的人　数

解决的问题是什么

以上汇报每逢星期一三五汇报

征集办公室

一九六三年十二月十一号

花岭大队生产日进度 （ 表）

指　　标	单位	代号	合计	山咀队	梨树沟	乌龙沟	西院队	八坡沟
一、落实秋播计划的生产队	个	01	5					
落实秋播的面积	亩	02	222					
其中：小麦	亩	03	164					
杂粮	亩	04	59					
油菜	亩	05						
现有肥料担数	担	06						
以[已]送到地多少担数	担	07						
多少么[亩]数	么[亩]	08						
药剂拌种多少斤数	斤	09						
已开始播种的生产队	队	10						
已播种的面积	亩	11						
其中：小麦	亩	12						
杂粮	亩	13						
其他	亩	14						
二、秋收秋播的生产队	队	15						
应收的面积	亩	16						
其中：玉米	亩	17						
杂粮	亩	18						
红菜	亩	19						
其他	亩	20						

花岭大队生产日进度 （ 表）

指　　标	单位	代号	合计	山咀队	梨树沟	乌龙沟	西院队	八坡沟
已收的面积	亩	21						
其中：玉米	亩	22						
杂粮	亩	23						

续　表

指　　标	单位	代号	合计	山咀队	梨树沟	乌龙沟	西院队	八坡沟
弘[红]菜	亩	24						
施底肥的面积	亩	25						
条播点麦面积	亩	26						
不上肥料种的面积	亩	27						
培育小麦丰产田面积	亩	28						
其中：大队面积	亩	29						
生产队面积	亩	30						
党团支部面积	亩	31						
秋收秩序发生偷盗的	亩	32						
发生的次数	队	33						
集体已收回多少次场	次	34						
现已入库多少斤	斤	35						
其中：分配给社员斤	斤	36						
留种多少斤	斤	37						
准备交公购斤	斤	38						
	斤	39						

花岭大队生产日进度　（　　　表）

指　　标	单位	代号	合计	山咀队	梨树沟	乌龙沟	西院队	八坡沟
开展　收入计划								
计划打　报多少			660 110	300 50		60 10	180 30	120 20
竹子报多少　元								
木料　　元				30		35		30
扫木　　元								50
拾大匠　　元					40		143	
石灰　　元					100		150	150

续 表

指　　标	单位	代号	合计	山咀队	梨树沟	乌龙沟	西院队	八坡沟
烧木炭				3 000 斤		600		
今冬修农田水利								
开深沟							1	
修成地							3	
冬翻地			120					
石明顶地			60					
补修石练补			5					

花岭大队生产日进度　(　　　表)

指　　标	单位	代号	合计	山咀队	梨树沟	乌龙沟	西院队	八坡沟
现已出现至终			4	1	1		1	1
公购粮入库				656		1 081	3 074	

花岭大队　(　　　表)

指　　标	单位	代号						
总计			228					
集体			198					
其中：小麦			162					
粟粮			36					
			30					

工作学习日记本暨分类账务

邱堂善

关于召开干部级三干会的(汇)报人数如下：

1. 山咀生产队：何淙亮、吴家来、树玉明、邱声明、邱堂善。
2. 集小沟队：潘西德、马得林。
3. 五友沟队：赵山林、王文台、王光才。
4. 西院队：何昌水、何昌贵、何昌汉、何昌春、马后明、马玉谋。
5. 张双沟队：马重会，共计 17 人。

县农林局何昌珍开会报告，(1964 年 12 月 19 日上午)

第一章　做的生产队会计工作

什么叫做会计工作，——会计分析、会计核算、会计检查，建立健全会计制度。

什么是会计核算，——简单的[地]讲，计[记]账和算账，原议的讲(原文如此——编者注)，——以凭证为基础，以货币为尺度，有程序的，连续不断的[地]反映生产单位经济活动情况，以及集体经济活动中人与人的经济关系。

社会主义会计核算的特点，——真实性、流入性、群众性。

一、会计工作的重要性：1. 是阶级利益服务的工具。2. 是反映监督一切经济活动的方法。3. 是贯彻勤俭办理的方针。4. 集体分配政策。5. 监督财产合理使用。6. 贯彻民主办理的方针。

二、会计核算的基本任务：1. 监督财务计划的执行。2. 保护公共财产监督合理使用。3. 正确核算社员劳动工作。4. 正确核算劳动成果。

三、对会计人员和会计核算的要求：1. 对会计核算的要求：① 必须贯彻分级领导和统一管理的原则。② 会计核算必须及时。③ 会计核算必须全面。④ 会计核算必须真实、准确。⑤ 会计核算必须力求简单明晰。⑥ 会计核算必须核算项目财务计划项(目)要一致。⑦ 会计核算必须采取历年制。

第二章　会计核算的基本任务

一、监督财务计划的执行。

二、保护公共财产，监督合理使用。

三、正确核算劳动工分。

四、正确核算劳动成果。

五、对会计人员的要求。

1. 努力学习党的政策方针，积极钻研业务。

2. 正确执行党和国家规定的政策。

3. 坚决维护集体利益，一切从有利巩固集体经济出发。

4. 坚决执行勤俭办理，加强经济核算，一切从有利生产出发。

5. 坚持民主办理，〈以〉严格执行社员大会决议，依靠群众营利财务(原文如此——编者注)。

6. 建立健全会计账目，按时编制会计报表。

7. 监督财务计划制度的贯彻执行。

8. 监督和检查资金实物、工分、账的保管，使用发生问题即[及]时查清〈到〉。

9. 对不自[执]行按计划制(定)政策。

10. 忠于职守，公正无私，积极参加集体劳动，不特殊，如实反映情况。

(王照祥讲第二章凭证)(1964 年 12 月 20 日上午)

记账、算账的特点：1. 记账、算账有三种计量单位：① 货币单位(人民币，元)。② 实物单位(市斤，公斤)。③ 劳动单位(劳动日，劳动工)。2. 记账、算账，必须依[以]凭证为依据。记账、算账，有一套科学的方法：包括账户、账簿、记账方法、资金平衡表等。

会计凭证：1. 什么叫凭证，生产队在每一项经济业务发生中，所开据[具]书面证明、单据、发票、收借条、税票等。

2. 凭证的作用：① 是记账的依据，又是对账后查对账目的依据。② 能够证实财务事项的真相，揭发贪污、盗窃等违法行为。③ 严密收支手续，防止随便花钱，乱领物资，难免会产生的丢失浪费。

3. 凭证的分类：1. 原始凭证，外来凭证，实物凭证，后补凭证，—发票，—税票，领结据单，自制原始凭证。① 现金收入凭证。② 现金付出凭证，实物入库凭证,实物支出凭证,固定财产单据。

4. 凭证的要求:① 有凭证的名称,② 有输凭证的单位和住址,③ 有办理凭证的当事人。④ 有编制凭证的日期。⑤ 有经济业务活动内容。⑥ 有物品数量、单价和金额。⑦ 有总金额必须大写。⑧ 不能头[偷]改为挖补。⑨ 经手人填写或盖章。⑩ 队长审批盖章。

5. 凭证使用范围:① 外来原始凭证,凭证,现金凭证—交出纳登记,出纳簿。实物凭证—交保管登记物资。登记簿—由保管会计记账。自制原始凭证,现金收入凭证,1964 年月日。

兹由木匠张三珍 交来投资记工 人民币大写	兹于一或二栏,二栏交款
队长　　　　会计　　　　出纳	

现金付出凭证,第　　号,1964 年　月　日,付给　　　,计人民币大写　　　　,领款人盖章,队长章,会计章,出纳章,一或二栏兹交本人。

关于户口,人口迁出,落户迁移,各地应前检查,按户口办理,四类份[分]子,人口事有正确理由,可以迁移落户。城市迁移农村,农村可以迁移城市,但和人都不能安排。

第一次测验题:

一、会计工作包括哪几个内容?

二、会计核算的基本任务是什么?

三、记账和算账,必须掌握哪几个特点?

四、张某某生产队的库存,多余小麦种 200 斤,出售给社员,收现金 20 元,这笔会计编制哪个凭证?

何昌珍报告

第三章财产(1964 年 12 月 21 日上午)

一、什么叫做账户,——会计科目——生产队的会计账户是根据,生产队的经济特点的性质相同的,收付事项,归纳在一起来分门别类的[地]反映经济单位、经济活动、变化情况的一种专门方法,就叫账户。

二、为什么要会计账户——

三、经营资金,物资经营,资金来源及其一刻千金关系,——就是生产队在生产经营中所有的科目、物资和现金,目前生产队经营资金的项目。

1. 固定财产,2. 材料,3. 已投入生产的资金,4. 产品,就是劳动成果,5. 现金和经营资金,6. 应收及暂付款。

目前生产队经营资金来源有哪几项?

1. 公积金,——① 大队大放,① 本年收获分配提示,② 出卖固定财产收入。收获中提出固定财产。2. 公益金。3. 各项基金。4. 国家投资。5. 贷款。6. 应付暂收款。

上述经营资金,经营来源,必须在任何时期两个基金,都是一样平衡。经营资金与经营资金来源的变化只有四种:

1. 经营资金与经营资金来源共同增加或减少,结果双方数额相等。

2. 经营资金一方的增加或减少,结果双方数额相等。

3. 资金来源一方的增加和减少,结果双方相等。

4. 资金来源增加相等。

四、账户的设置原则。1. 联合国家政策要求。2. 能为国家报表提供资料。3. 能全面反映生产队经济面貌。4. 账户之间的内容,开展,应分清出示。5. 账户的名称应通俗易懂。

五、账户的名称和内容。

1. 农业收入都包括哪几项,——① 各种粮食、粟类作物。② 各种蔬菜、瓜果。③ 各种经济作物。④ 出售农作物、副产品。⑤ 出售农作物的幼苗。⑥ 各种水产品、水果。2. 林牧副业收入。① 林业、树木、药、籽、桐子、漆籽、核桃、芽子、树苗,等实际产量。② 牧业:出售的肉猪,羊只羊毛,蜂蜜,耕牛,出售等。③ 副业:磨房、粉房、碾房、油房、纸房、砖瓦等,木炭、编织、缝纫机、运输、劳务以及搞集和十大匠的收入。

3. 其他收入,——存库现金,利息,上年库存物资的盘盈,物资增价。

4. 农业生产费用账产,——当年有收益的费用,包括(籽种[种子],化肥,农药,其他用钱卖的肥料,当年用犁耕等费用,耕牛吃的饲料,吃的药,饲养室用的点煤油,等人员的工资。

5. 林牧副鱼生产费用,——投入当年生产,而收益后的费用。

6. 管理费，——用于行政管理方面开支。

7. 其他费用。

8. 国家税款。

9. 社员结算。

10. 收益分配。

11. 公积金。12. 公益金。13. 生产费基金。14. 出[储]备粮基金。15. 暂放款项。16. 贷款。17. 暂付的款项。18. 下年生产费。19. 贫队透支款。

公积金支付范围，——① 用于基本建设。② 支付社员超过规定基建用工工资和补清匠人工资。③ 增加生产费底垫。④ 固定财产购买修理。⑤ 储备粮基金底垫。

公益金用途，① 五保户的生活费、埋葬费。② 困难民用工业的照护（包括药费）。③ 社员因工付[负]伤照顾。④ 因工伤之社员家属抚照。⑤ 其它[他]集体福利副业。

下年生产费，——凡是当年投资无有收益的叫做下年生产费。

第四章　账簿（1964年12月22日上午）

现金日记账，一、什么叫账簿账，——就是按照凭证的文字和数字资料，顺序的[地]记载到一定的方式的账面上，这些许多连续一起的账页就叫做账，具体讲就是按照一定项目，进行分门别类，反映会计核[和]记录，而自身形成一个完整的集体，就叫做账。簿，——就是登记簿，是为适应会计核算，某些需要而设置，作为补充资料。

二、账簿的作用：1. 生产队队长的作用，是反映生产队的经营资金和经营资金〈来〉制度化的情况。2. 检查财务计划执行情况，给下一年编制计划提供文科[资料]。3. 编制收益分配方案，积累资料。

三、生产队各种登记簿的作用。——1. 防止各种办法的挪用、贪污、盗窃、损坏和错账现象。2. 补充会计账目，记录资料不足。

第七章　固 定 财 产

一、什么叫做固定财产，——就是在生产过程中，长期使用，气形不变（原文如此——编者注），价值较过大的生产资料。生产过程——就是劳动对象变为成〈产〉品的过程。劳动对象——就是生产过程中的流动资金。价值较大——万元以上,使用年限较长,一年以上的东西叫固定财产。不含前两个准的,都叫做底值尾品(原文如此——编者注)。

二、固定财产的来源。① 大队下放——耕牛。② 购入——用公积金购买的。——贫队投支[资]款买的。③ 自制自建的——一切固定东西。④ 自繁自养的——牛、羊、猪等。⑤ 赠送奖励。

三、固定财产的分类。① 牲畜——牛马。② 农具。③ 家畜。专自公母猪(原文如此——编者注)。④ 果树及林木。⑤ 水利设备。⑥ 运输工具。⑦ 副业设备。⑧ 生产用房及设备。⑨ 非生产的固定财产,桌子,板凳子。

四、固定财产的计价。① 购入的固定财产。——原价、运费、购买人的补助费,出财[差]费,税款,安装费,装护费。② 自制自建的固定财产,——原材料价值。劳动积累,劳动工资。③ 大队下放固定财产。④ 自繁自养的。⑤ 投资培养的果树、林木。⑥ 赠送奖励。

五、固定财产的核算方法,大固定财产的,增加和减少,必须有凭证,有依据。

第五章　记账方法(1964 年 12 月 24 日)(王照祥报告上午)分类账

1			2			3			1			5			6		
农业收入			林牧副收入			其他收入			管理费			公益金			生产费基金		
收	付	余	收	付	余	收	付	余	收	付	余	收	付	余	收	付	余
						6		6		200	200	100	2	198	200		200
												10	3	95			
														85			
5			6			7			9			11			12		
农业生产用			林牧副收入			其他费用			公积金			储备粮基金			固定资产		
收	付	余	收	付	余	收	付	余	收	付	余	收	付	余	收	付	余
	89	80							200		200	100		100		100	100
	10	90							18.00	409	218						
	6	96								100	291						
	63	159															

第五章 记 账 方 法

1. 什么叫做收付单式记账法,一笔经济业务依据现金、物资、粮食为主体,按照社员日常活概念一方面的记账。

以现金、物资、粮食的收进和付出来决定记账的方向。收入记账方,付方记方。

利文来说:某生产队,副业收入100元,收林牧副收入100元。

2. 单式记账法的好处:(1) 减少了复杂的转账手续,便于会计人员易学易懂。(2) 便于社员看账、查账和监督财务的收支。

3. 采取单式记账法,必须注意以下几个问题:(共有四个方法!)

4. 记账中必须注意的事项。(当日发生的,当日就要记账,不能拖延)。

没有资金平衡表的队,如何使资金和奖金来源平衡的方法,第一步,核实上年决算后的实有资金。

(1) 核实库存现金,队存现金,信用部存款,外欠账,共计多少元。

(2) 核实库存粮食。(玉米10 000斤价值多少现金,小麦、红薯多少斤,多少元,共计多少元)。

(3) 核实债权(人欠队的款),张三欠60元,李四欠20元,王五欠70元,赵六欠50元,共计　元。

(4) 核实已投入生产中的资金(下年生产费小麦种),小麦1 500斤,130元,扁豆角120斤,27元,豌豆50斤,3元,共计1 750斤,200元。

(5) 核实各种固定财产的总值3 000元。

资金平衡表(经营资金:付方),下年生产费200元,暂付款200元,库存现金200元,库存粮食267元,固定财产3 000元,合计3 867元。第二步,计算资金来源,(资金来源收方)。1. 固定基金3 000元。2. 生产费基金粮和款400元,小型农具50元,买化肥50元,耕牛费50元,合计750元。3. 核实债务,其中,欠社员粮款50元,欠贷款50元,合计3 867元。

(未分资金平衡和账接下年)资金平衡表:

资金来源收方	经营资金付方
固定基金3 000元	下年生产费200元
生产费基金150元	暂付款200元

贷款 50 元

暂收款 50 元

每超余款计：公积金 17 元

总计 3 867 元

库存现金 200 元

库存粮食 2 670 元

固定基金 9 000 元

合计 3 867 元

（记账的接上年）资金平衡表

资金来源收方

固定基金 500 元

生产费基金 200 元

公积金 200 元

公益金 100 元

合计 1 000 元

经营资金

固定财产 500 元

下年生产费 80 元

库存粮食 70 元

库存现金 350 元

合计 1 000 元

现金日记账 第 1 页

年		凭证说明	会计账户	摘要	分类账页	收入	付出	余额	转账		
月	日								收入	付出	
元	1	1	公益金	上年转来		350	2.00	350			
元	2	2	公益金	给五保户上 10 斤	8		3.00	348			
元	3	3	管理费	购买白纸和墨水	8		2.00	345			
元	4	4	暂付款	李江因病借款	4		10.00	343			
元	7	5	农业费用	买化肥 100 斤，施肥用	17		10.00	333			
元	10	7		买农药 50 斤入库存款	5		6.00	323			
元	25	8	公积金	出库牛皮一张				317			
元	26	9	贷款	贷用耕款	9	18.00		335			
元	28	10	暂付款	李三娃买牛暂借路费	13	200		535			
元	30	11	暂付款	贷去某某队买耕款	17		10.00	252			
元	30	11	暂付款	李三妹以单据	17		400.00	125.00	409		
元	30	12	公积金	购买耕牛二头		1.00				409	

续 表

年		凭证说明	会计账户	摘　　要	分类账页	收入	付出	余额	转　账		
月	日								收入	付出	
			暂付款	李三娃交回暂借	17			126			
				月计		219	443				
				累计		569	443		409	409	
5	20	14	林业副业收入	副业组交回工资	6	300		426			
5	20	15	贷款	归还贷款	13		200	226			
5	20	15	其他费用	贷款利息	13		2	224			
6	20	17		出库购粮 1 000 斤		100		324			
6	20	23	其他收入	信用部付上半年利息		6		330			
11	5	24	下年生产费	买半[拌]种药种	15		40	326			
12	20	25	社员结算								
12	28	26	社员结算	付余粮户余粮款			76				

物资日记表

年		号数	会计账户	摘　　要	分类页	收　入		付　出		结　存	
月	日					数量	金额	数量	金额	数量	金额
				上年转玉米		1 000	70			1 000	70
6	20	16	农业收入	收获小麦		10 000	1 000			10 000	100
6	20		国家税款	交公粮食	12			1 000	100	9 000	900
6	20	28		出库购粮				1 000	100	8 000	800
6	20	19	社员结算	分配给社员口粮				6 000	600	2 000	200
6	20	20	公益金	供给五保户口粮	8			100	10	1 900	190
6	20	21	公积金	付储库粮				1 000	100	900	90
6	20	22	农业费用	用于籽种[种子]播种 800 斤生产用粮				900	90	平	

资金平衡表

收方	付方
农业收入 1 000 元	农业生产费用 159 元
林牧付[副]收入 300 元	管理费用 2 元
其他收入 6 元	其他费用 2 元
公益金 85 元	公积金 291 元
生产费基金 200 元	国家税款 100 元
储备粮基金 100 元	社员结算 526 元
合计 1 691 元	下年生产费用 4 元
	暂付款项 10 元
	库存现金 400 元
	库存粮食 197 元
	会计 1 691 元

账户余额表

收方		付方余额	
农业收入 4 158	4 149	农业生产费 3 449	3 449
林牧副收入 172	162	林牧付[副]费用 3	3
其他收入 56	75	管理费用 14	14
公积金 420	420	下年生产费 120	150
公益金 20	44	国家税款 200	200
生产费基金 364	364	社员结算 2 859.38	2 859.38
储备粮基金 226	226	库存现金 673.12	673.12
国家拨款 50	50	库存物资 405	405
合计 4 626 元	4 650 元	其他费用 0.6	0.6
		合计 4 626	46 250

第八章　劳动工分核算

一、社会主义现阶段，农业经济集体为什么要采取以劳动日的形式进行分配？

1. 所有制性质所决定。2. 生产水平所决定。3. 思想水平所决定。4. 现阶段的条件差别所决定。

二、劳动日应支付的范围和不应支付的范围。

1. 应支付范围：一、从事集体生产和工作的干部；二、烈军属及残废，军人优待工；三、职工家属照顾工；四、其他参加集体劳动者；五、省县规定补助工；六、社员投肥工；七、县社队确定的交□记工；八、省县规定的会议工。

2. 不应支付的范围：一、用社员的家具、农具；二、用社员的芦席、被子和祖[租]用房子；三、社员会、党团支部会议，队内干部，会党团代表会；四、文艺娱乐、红白喜事；五、依客(原文如此——编者注)、修房、生娃、生病。

三、核算劳动日的作用：1. 是考核每个社员劳动的好坏。2. 加强劳动管理，合理使用劳力。3. 是分配的依据。4. 加强社员集体观念，加强经营管理。5. 正确核算劳动日，群众与社员之间的分配上的平均主义，克服互相之间分歧，加强互助团结。6. 坚持劳动日，合理使用生产成果。

1964 年 2 月 26 日在社开〈打〉大会评议工分

山咀队：何从亮，1 月 25 日工 0.9 分，26 日 0.9 分。

吴家来，1 月 25 日工 10 分，26 日 10 分。

陈启朝，1 月 25 日工 10 分，26 日 10 分。

何大有，1 月 25 日工 0.9 分，26 日 0.9 分。

邱堂善，1 月 25 日工 10 分，26 日 10 分。

集小沟：马后林，1 月 25 日工 10 分，26 日 10 分。

潘西德，1 月 25 日工 10 分，26 日 10 分。

谈德方，1 月 25 日工 0.9 分，26 日 0.9 分。

五龙沟：张新有，1 月 25 日工 0.5 分，26 日 0.5 分。

赵双子，1 月 25 日工 10 分，26 日 10 分。

西院：何昌水，1 月 25 日工 0.9 分，26 日 0.9 分。

何昌贵，1 月 25 日工 10 分，26 日 10 分。

马玉合，1 月 25 日工 0.8 分，26 日 0.8 分。

马玉谋，1 月 25 日工 10 分，26 日 10 分。

张被沟：何德正，1 月 25 日工 10 分，26 日 10 分。

杜长富，1 月 25 日工 10 分，26 日 10 分。

四、推行基本劳动日，1. 60 年前，评定基本劳动日。① 按照全队所有的劳动力男女，社员分级评定，确定核算，核准，自行本队民主评定，领导审批。② 按照农事前部分开，忙月，大忙，中忙，闲月一人为单位，分月，分季来评定，按月按季调整。

2. 以平[评]定基本劳动力，应注意几个问题：① 以体力为依据，适当照年龄。② 凡是在校的学生，一律不订[定]基本工。③ 评定基本工时，必须注意社会劳动和家属劳动的积累。④ 评定基本工时，必须讲求民主，立[力]求实际是大数，社员超额基本。⑤ 坚决反对应[因]私充备(原文如此——编者注)，报复打击。⑥ 按月，按人评定，分月，分季调整。⑦ 基本工必须在年底一次评定。⑧ 评定基本工时必须考虑本队农活情况〈来评定〉。

五、劳动核算的办法，实行小组包工，讲究质量，坚决实行不拉私分的办法。

六、推行劳动定额，制定劳动定额，应注意几个问题：

1. 以中间劳力计算。2. 因人因地因时制定〈了〉，经过完善，可实行。4. 民主制定，领导批准。5. 检验，逐步，完善。上述加强社员间的同工同酬，保证组数额完成。

2. 如果[何]保证数额的完成。① 政治摊，加强领导。② 及时检查，定期验收。③ 及时公布，及时批评。④ 加强教育，表扬光荣。⑤ 制度健全，惩罚可耻。⑥ 做到检查心中有数。⑦ 一段包工，按[安]排及时。⑧ 适合多种(原文如此——编者注)，照顾全面。⑨ 表扬先进，编制落实。⑩ 分开着重，照顾集体。

第十章　什么叫做总产值？

一、就是生产队，将全部生产产品(包括副产品)，按照国家规定不变价格以货币表现出来的总产值。

二、什么叫做总收入？就是现行价格，计算出来的总产值，加上其他方面，收回的现金。

三、什么叫做可分配的总收入，就是当年总收入中，可以拿出来作为分配的部分。

四、什么叫做收益？就是扣除直接和间接生产费用后的部分。

五、什么叫做纯收益？就是扣除四大费用和国家税款的部分。

一、收益分配核算的重要性：1. 产品分配，带有强烈的阶级性。2. 正确对待分配中的积累和消费的比例。3. 消费品的分配，必须牢固三者利益。

课外记账实习记录

1. 付管理费5元，付农业生产费3元，付现金

四、消费品的分配办法(现金)

(一) 国营企业，——以工资形式分配，生产队——以劳动日形式分配，采用以劳动日形式分配的特点：

1. 凡有劳动能力的人，都必须努力为集体进行劳动，劳动日作为分配消费品的前提，不能劳动者不得食。

2. 以社员的直接收入，为了集体福利为付。

3. 以合理的劳动定额为基础，适当体现多劳多得。

4. 群众承认差别，又是差别不大，并逐步缩小差别。

5. 坚持共产(主义)社会的原则。

6. 开始具有共产主义因素，有利的提高社员劳动力□文化和福利能□社员有的生产，梦呀共产主义呀。

(二) 粮食分配，四个原则：1. 既能保证〈又能保证〉社员基本口粮需要，又能保证军属，五保户基本口粮生活需要。又能适当体现多劳多得。2. 防止口粮差距过大，避免粮食拥始[拥有]发生两级分配。3. 减少粮食困难户，减少国家统销粮，适当的[地]承认差别。4. 贯彻互助互利原则，增进社员之间团结和家中和睦。

二、如何做好收益分配工作？1. 必须坚持分配政策。统筹兼顾，全面安排。2. 必须加强政治思想工作。3. 分配前的准备工作。(一) 认真测实产量，全面打实收入。(二) 严格审核支出。(三) 清理劳动工分，进行严格审核劳动工，交肥工干部补助工，四[军]属户的照顾工分进行审核。(四) 合理调整基本劳动日，凡是对人的基本和交肥基本劳动工，调整合理，调整和效益调整，个别的调整基本工。按照实际情况，在[再]统一调整着两个数字，那[哪]一个大再统一给逐个的调整。

(五) 合理确定分配比例。

(六) 民主确定分配方案。

三、财务决算，也叫做分配决算。

以农业收付	收公益金付	收其他收入
320		2
收林牧副收入付	收农业费用付	收国家税款付
87	32 010	450
收其他收入付	收林牧副费付	
6	5	
收公积金付	收管理费付	
	8.80	

注意事项：

1. 在今年下半年把账没有记好的全部记好，公社为单位交账检查。
2. 大仓快要结。

收益分配方案

收入总计 3 293

1. 农业收入 3 200
2. 林牧副收入 87
3. 其他收入 6

费用总计 335.9

农业费用 320.10

管理费 8.80

其他费 2

分配总计占%

国家税款 450，占%

其中农业收入 450，占%

公积金 155，占%

公益金 99，占%

社员分配 224.10，占%

现金日记账年终转账

农业收入	转收入分配，对转账	3 200 元
林业收入	转收入分配	87 元
其他收入	转收入分配	6

以上述各收入账户，收方转入收益分配账户。

收方，转账的付方，付方转账的收方。

结账下年账户，公积金，收方，结转下年付方账户上去，以大项按照付转账。

何昌珍讲第九章(账日月结账和公布)(1964 年 12 月 30 日)

一、关于会计财务账项，要做到日清月结，财务公布多项，编制财务计划，通过月结，才能检查财务的差错，及时能向社员财务公布。

1. 为什么要月结。2. 如何月结。（一）清理账凭证，检查财务的差错，而检查出纳员的账要付差错，对会计做账人员，然后检查保管账项。

3. 编制会计报表。编制会计发生顾虑，编制会计对照表，编制会计，各项报表的设制。编制发生账户余额表，为什么叫做会计分配方案，看齐款下前的分配报表，能反映会计的财务监督作用。

4. 报表作用。① 通过报表检查正确，对资金进一步加强公布。

5. 编制报表的原则，必须做到账面的报表，有一定账表相符。

二、账目公布。

（一）公布的内容和时间。

1. 现金收支物的盘点公布。2. 收入的物资及时向社员公布。

（三）公布或程序。1. 账据，账账、账物，账余款的查对。2. 清理物资盘盈。3. 编制报表，需要有手续。4. 及时向社员公布。5. 召集贫下中农代表，公布意见。6. 针对指出意见。

（四）公布方法。1. 以口头，账榜，分户查对，结合公布。2. 会计报账，代表查账，群众听账。

六、公布账目，应注意的几个问题。公布账目数字必须真实，可靠，明了。

1. 数字真实可靠。2. 不清楚数字，点滴易懂。3. 内容要易懂。4. 说明来，不能拖其事。（原文如此——编者注）5. 要虚心的[地]向社员公布。6. 问题要及时纠正，不能拖。8. 不能正确反映及时上报。9. 公布。

转下年手续表

收方	收方
国家税款 50 元	下年护林 15 元
储备粮基金 226 元	库存物资 395 元
生产费基金 364	库存现金 45.88 元
公积金 2 009 元	
公益金 1 541.8	
合计 590.98	
合 590.98	

第十一章　财务计划

什么叫做财务计划，——就是组织用强、用物、收支、收物数方向（原文如此——编者注），简单的[地]讲，就是组织财务计划活动的实施。

一、为什么〈叫〉要制定财务计划？1. 干群就（有）明确的奋斗目标。2. 有了计划可以进一步挖场力，人力，财务，保证生产。3. 有了计划，通常安排人力，物力，财力，使用兼顾二者利益。4. 有了计划，可以精打细算，进一步贯彻勤俭的方针。5. 有了计划，使用社员对财务计划能检查。

二、迟祥编制财务计划：及编制财务计划的原则。1. 自力更生，开源节约，开支资源，增加收入，精打细算，节约开支。2. 同[统]筹兼顾，合理使用安排。3. 从实际出发，稳（妥）可靠，当有余地，量入为出。

4. 合理。

第十二章　财务制度

1. 关于财务各项制度，能按照一切的工作，是有一定的财务制度，保证使[实]用实出，如果没有制度，就没有党的方针，关于生产队都制定那制度和方法的办法（原文如此——编者注）。

（1）财务计划制度。（2）开支审批制度的划分。（3）财务管理制度。（4）牲畜饲养制度。（5）财务账目公布制度。（6）接交制度。（7）会计制度，内容是生产队会计组织的制度。

“三全”，“七化”，“四及时”，“七相符”，“五清”，“七有”，“七无”，（注意说明，如下……）

“三全”，——财务簿全，账表全，账据全。

“七化”，——财务管理民主化，账目清楚化，经常化，经济收支计划化，收入分配合理化，勤俭办队节约化，物资保证严格化，请示报告化。

“四及时”，——记账及时，报账及时，结账及时，公布及时。

“七相符”，——帐[账]帐[账]相符，帐[账]款相符，帐[账]表相符，帐[账]物相符，帐[账]据相符，实支实收与帐[账]相符，财务合理相符。

“五清”，——收支清，资金清，财产清，往来清，工分清。

“七有”，——管理有制度，收支有名称，往来（有）手续，记账有单据，定期有检查，按时有公布，好坏有总结。

“七无”，——账目无投在（原文如此——编者注），记账无差错，开支无浪费，财产无损失，积累无挪用，干部无贪污，社员无怀疑。

保证制度的贯彻执行，对财务人员要求。

1. 努力学习，不断的[地]提高政治觉悟和业务水平。

2. 坚决执行党的方针，政策，结合维护集体利益。

现金 16 元

付刘和尚 3 元

付张学 1 元

购打头板 0.40 元。

买碛 0.30 元

买锯 0.20 元

吃饭 0.20 元

吃烟 0.3 元，

合计 52 元。

3. 遵守社员民主权利，严格执行社员大会决议，定期公布账目，虚心接受社员监督。4. 加强财务核算，合理使用资金，严格控制非生产性开支。5. 订[定]好财务计划，制定分配方案。6. 及时清理债权的各种账目，固定财产物，登记使用管理。

七、不执行计划，制定办事的一切不合理的开支，会计有权管他并到组织可以上级计（原文如此——编者注）。

八、财务人员必须廉洁、奉公，不准无故不贪污盗窃，不故意，不多吃多占，私分，不多吃多占，不能用公物，不投机倒把。

（11）大会落实 1965 年生产计划

2 日，合计，山咀、梨场、五龙沟、西院、八坡沟。

耕地面积 500 亩。

粮食播种面积 710 亩。

亩产 163 斤。

总产 115 000 斤。

其中：夏粮播种面积 280 亩。

亩产 100 斤。

总产 28 000 斤。

秋后播种面积 484 亩。

亩产 173 斤。

总产 87 000 斤。

棉花

亩产

总产

油料种面积 16。

亩产 50 斤。

总产 800 斤。

家庭产量 20

大牲畜头 55

猪头 60

项目　　合计　　山咀　　梨沟　　五龙沟　西院　　八坡沟

山羊

造林面积 40 亩。

育苗面积 0.5 亩。

封[丰]山育林面积 40 亩。

次生林抚款面积

新增加有效成活面积

增加保证面积

水土保留初步面积 44

水平播种田

农业作物洋芋 70　18　10　10　25　8

自营产量 165 000

下前 2 500

款前 4 000

山咀 7 500　7 200　75.1　　原有毛囤集体数,个人数 0.75

梨沟 4 000　3 800　7　　　计划增加数,集,个人 7

五龙沟 3 500　3 200　195 00 2,积肥担数,其中人尿多少? 2 600　3 500,圈粪 7 000,49

西院 11 500　1 100　火类 9 000,尿类

西院 3 000　2 800　3　计划种元肥亩数,其中,草木非木。

15　　4,现在起耕地亩数,15 亩,复耕地几亩 5。

2　　4　115 全播种面积,队数 4。

9　　6　种莫粒,亩数,白马呀,金黄质,掌握一路

80　　7　原计划高产面积,其中,洋芋、67,13 红薯水稻

24　　8 听报告新增加数,其中洋芋 3,红薯 6,玉米 15

220　　9 打大套种面积 220 亩。

10 计划副业收入 3 500 元。

其中:集体 7 500 元。

每户平均 54 元。

一九六五年生产计划落实

项　　目	合 计	山 咀	梨 沟	五龙沟	西 院	八坡沟
耕地总面积	500	116	68	66	180	70
粮食播种面积	710					
亩　产	163					
总　数	115 000	75 000	15 100	13 200	46 400	15 300
其中:夏季播种面积						
亩　产	100					
总　产	2 800	7 200	3 800	3 200	11 000	2 800
秋季播种面积	484					
亩　产	173					
总　产	87 000	17 800	11 300	10 000	35 400	12 500
油料作物面积	16	4	2	2	5	3
亩　产	50					
总　产	800					
家禽茧产量	20	5			10	5

续 表

项　目	合 计	山 咀	梨 沟	五龙沟	西 院	八坡沟
大家畜头	55	7	9	8	24	7
生猪头	60	17	7	7	23	8
山 羊	6	2				4
造林面积	40	10	5	5	10	10
育苗面积	0.5	0.2			0.3	
封[丰]山育林面积	40	10		10	20	
水土保持初步面积	44	10	5	5	15	1
自营宰具	6 500	1 450	920	700	2 400	90
其中：下季	2 500					
秋 季	4 000	1				

一九六五年各项生产计划

项　目	逐步落实会计	实际数合计	山 咀	梨 沟	五龙沟	西 院	八坡沟
一、农业作物高产合计	97						
1. 洋芋面积	70		18	10	10	24	8
亩 产			160	150	160	170	140
总 产							
2. 红薯	17		4	3	2	5	3
亩 产			300	300	300	300	300
总 产			1 200	900	600	1 500	900
3. 玉米	10		3	1	1	5	
亩 产	500						
总 产	5 000						
4. 三田作物合计	99						
① 种籽[子]田亩	7		2	1	1	2	7
亩 产	400		400	400	400	400	400
总 产	2 800		800	400	400	800	400

续 表

项　目	逐步落实会计	实际数合计	山 咀	梨 沟	五龙沟	西 院	八坡沟
② 半产田亩	75		20	10	10	30	5
亩　产	320		350	300	300	350	750
总　产	24 000						
③ 试验田亩	8		2	1	1	3	1
亩　产	450		450				
总　产	3 600						

生产计划借续指标

1. 原有羊圈数：75

其中：集体

个人：75

计划新增加数：7

其中：集体

个人：7

2. 积肥担数：19 500

其中：人尿粪：3 500

圈粪：7 000

火粪：9 000

驴粪：

3. 计划种六肥亩：

其中：草木肥

4. 现在起耕地面积：15

恢复耕地面积：5

5. 推广种子面积：9

生产队数：4

种莫粒籽面积：2

白马呀面积：7

金黄一号谷

南京路：

6. 原计划产羊面积：79

其中：洋芋：67

红薯：10

水稻：

玉米：2

7. 听报告新增加面积：计 85

其中：洋芋：370

红薯：3　13

玉米：15　2

8. 扩大套种面积：30

9. 计划副业收入：3 500 元

其中：集体 2 500 元

每户平均多少元：54 元

项　目　数

一、基本建设借续

1. 闸小沟多少处：1

增产多少斤：500

2. 修河滩亩：2

增产多少斤：800

3. 扩大洪积亩：

4. 恢复耕地亩：16

增产多少斤：3 200

二、探[深]耕细作

1. 探[深]翻地多少亩：270

增产多少斤：13 500

2. 疫防病虫害亩：500

增产多少斤：5 000

3. 粮食作物锄三草：350

增产多少斤：3 500

三、推打粮种亩：10
增产多少斤：2 000
其中：金黄虎：
白马呀：1 700
莫粒籽：300
水稻：
小麦：5 000
四、共积肥多少担：27 000
录[绿]肥多少亩：380
每户平均多少担：400
增产粮食多少斤：5 400
共合计多少斤：42 100
5. 扩大高产作物面积：
总产达到多少斤：
其中：水稻亩：
总产多少斤：
红薯：17
总产多少斤：5 100
洋芋：70
总产多少斤：11 900
玉米亩：390
总产多少斤：62 400
套种亩：120
总产多少斤：1 200
5. 三田多少亩：90
总产达多少斤：30 400
种子田多少亩：7
总产多少斤：2 800
丰产田亩：75
总产达到多少斤：24 000

试验田亩：8
总产达多少斤：3 600
6. 组织打猎、组个：5
多少人：75
获粮多少斤：3 200
7. 干部包片
名称：
队称：
8. 冬翻亩：
棚炸水渠：40

关于计划公购任务

原计划定产：115 000
现定产量：95 000
扣自营产：6 500
集体数：88 500
扣除三田数：
籽种[种子]数：
公购粮：
饲料：
社员分配：
公购或比例：42.5
原任务 11 177 斤

生产队名原有

山嘴[咀]	655	655
梨　沟	783	800
五　龙	976	1 276
西　院	3 086	3 869
八　坡		
合　计	6 600	

		山嘴[咀]	梨沟	五龙	西院	八坡
原计划产数	115 000	2 500	15 100	13 200	46 400	15 300
现定产数	95 000	2 200	13 000	11 000	36 000	13 000
其中自营	6 500	1 660	920	690	2 390	920
集体	88 500	20 500	13 200	11 000	33 000	11 000
三田合计	19 427	3 395 655	7 683 783	2 716 976	7 946 3 086	2 687 9 271 154
公购任务	6 427	1 140	1 361	1 697	5 367	1 612
籽种[种子]	10 000	2 320	1 360	1 320	3 600	1 400
耕牛头	50	7	8	7	21	6
每头	60					
留料斤	3 000	420	540	420	1 260	360
扣除后产量	64 273	18 605	10 417	8 284	28 054	
户数	64	15	10	8	20	10
人数	785	72	40	30	104	40
每人平均	245	257	257	276	252	257
每人月平均	20	21	21	23	21	21
调正[整]比例	42. 5					
应付担公购	4 747 斤	500	578	720	2 278	680
按原计划每人平均		299	310	342	380	310
每月平均	22	25	26	29	32	25
按计划产量减后	108 500	23 340	14 180	12 510	44 010	14 370
每人平均	306	280	287	326	360	290
每月平均	24	23	23	27	30	20
	25		27			24
		23	23	26	29	

县委周书记报告

64 年农业救灾报告

1965 年 2 月 19 日

一、康县关于 64 年救灾很大，当前真[正]是做好救灾时期，抓好当前农业生产，抓一下工作，1. 以靠农民为主，以生产自救为主，教育群众，自力更生，奋发图强，搞好工作，发动群众大搞代食品工作，实行瓜菜代，粮菜树吃，大搞旱作作物代食品，除去能用的实质地种春菜，多种白瓜、旱菜，要求每户种 0.1 亩春菜；2. 除去群众生活借贷，户做户借，清理社队现有粮食，安排社员生活。

二、以阶级斗争大检查大安排，社员生活，〈把就实〉做好生活安排，在 3 月大检查生活安排，在 2 月份和 4 月份、5 月份，也要大抓生活安排，一直抓到 5 月底，3. 一贯劳动好，家理空的，销粮对响；4. 盖房吃粮空户，销粮的对响；5. 没有粮食及分户销外。

三、1. 有劳(动力)不劳(动)不销粮；2. 投机倒把的专门户不销粮；3. 单于手段，在生产队不交工资不能销售；4. 红百喜(事)请客代[待]客，大持[吃]客，不能销售；5. 牡[哭]穷叫苦户不销粮；6. 有房住，想盖新房不销粮。4、5 两种人两种借销，6 种坚决不销粮。那[哪]些地方有人付饭，由那[哪]一个地方负责。

四、积极做好救灾物资发放工作，政府部门发放。

五、加强集备帽沟工作，农民买卖小的买，商业部门不能不当手段，这可能稳作，各地不能乱不收财富，更不能收干部没收，对群众秩序工作，医药供应部门和医生治疗的本地的社员。及时收购，积极的销售，临危不乱。

六、加强领导，学习了 23 条□各级领导，都参加学习解决不少的困难，粮食、棉花、款、药；3. 四季会对救灾这几项工作。

七、认真做好，农村副业收购任务落实，把农村土特产收回，1. 落实粮食征购任务 500 000 万，在同销[统销]时只购不销的原则，按照填写年经家担(原文如此——编者注)、余粮队所交，该购的购，该销的销，划清余粮队，缺粮粮队，落实征购任务不能曾加码，一事就是的等落实。

现在减公购粮

山嘴[咀]	655
梨　术	800
五　龙	1 276
西　院	3 869
八　坡	
合　计	6 600

自款及公购粮

山嘴[咀]	600
梨　术	500
五　龙	800
西　院	9 600
八　坡	500
合　计	

在县开四季会花费款项记

现金收入方面

自代[带]现金	10.00 元
小女交款	3.00 元
自代[带]大队款	3.00 元
合　计	16.00 元

费用方面

付刘合尚	3.00 元
过十五在学吃	1.20 元
购买打火机	0.40 元
购碗两个	0.30 元
买小锯条 1 个	0.30 元
买纸烟 3 合[盒]	0.45 元
扯布 5.5 尺	7.59 元
买圆珠笔	2.34 元
吃　饭	0.30 元
买条去 1 个	0.15 元

付文件的各项数

山嘴[咀]队付何以亮写
梨术沟付潘西江
五龙沟付赵双子
西院队付马玉合
八坡沟付何德正
山嘴[咀]每月 26
梨术每月 25.6
八坡 637

公　购	任　务	减　数	应付担		最后数
山嘴[咀]	1 140	467	673	700	720
梨　术	1 361	558	803	803	803
五　龙	1 697	696	1 001	1 101	1 101
西　院	5 367	2 200	3 167	3 367	3 400
八　坡	7 612	661	951	576	576
合　计	11 177				6 600

何昌岐 20
何昌怀 20
何昌贵 10
何昌海 10
何玉速 15
何昌彦 20
马富明 10
何昌顺 10
赵三林 20
张金彦 10
王家富 10
郭德才 15
杜长富 10

何德正 10

李金富 10

何昌福 20

吴家来 15

刘金兴 10

刘恒珍 15

合计 260 元。

优抚救济款 20

柯大有 20

麦央子

金花有 50

何昌福 50

赵三林 50

何昌顺 50

积极份[分](子)青年

赵双子

何从亮

马后武

马后魁

何思舍

数 字 记

花 岭 大 队

一九六一年九月一日

61 年秋季总产量

玉米：38 189 斤

黄豆：12 124 斤

小豆：3 536 斤

61年秋季实产量各种各样如下

秋粮总产：54 628

其中：玉米：37 150斤

黄豆：1 212斤

小豆：3 536斤

红薯：763斤

谷子：845斤

蔓豆：210斤

全年总产量：82 561斤

其中：夏季：31 930斤

秋季：50 631斤

分配部分〈部〉

1. 一队总户数32户，总人口146人，其中：男74人，女72人；

2. 一队劳力总劳力58，其中：男全劳31，女全劳16，男半劳7，女半劳4；

3. 二队总户数29户，总人口140人，其中：男76人，女64人；全劳动力。

苏农沟

全年产量：86 634斤

夏季：31 930斤

小麦：19 977斤

杂粮：3 305斤

洋芋：8 648斤

秋季：54 704斤

红薯：763斤

玉米：37 155斤

杂粮：4 615斤

小豆：12 171斤

明细分类账

（格式）

科目：动畜及育肥畜
子目：小牛　　　　第　　页

56年		凭证号数	摘要	收入									付出									余额								
月	日			数量	单价	万	千	百	十	元	角	分	数量	单价	万	千	百	十	元	角	分	数量	单价	万	千	百	十	元	角	分
6	5	×	黑母牛一家1天价	1															7	0	0							7	0	0
6	5		黄黄牛一家价	1														1	2	0	0						1	9	0	0
6	5		一牛一天价	1															8	0	0						2	7	0	0
6	5		黄牛犊子一头	1														1	5	0	0						4	2	0	0
6	5		小奶牛一头	1															8	0	0						5	0	0	0
6	5		小奶牛一头	1														1	8	0	0						6	8	0	0
6	5		奶牛犊子一头	1														1	8	0	0						8	6	0	0
			一家黑牛一头	1						7	0	0															7	9	0	0
			一家黄牛一头	1					1	2	0	0															6	7	0	0

项目 / 品名	产量数	支出部分				合计	分配			秋季产量		支出部分				全年分配数				
		公粮	购粮	籽种	饲料		分配数	农业人	每人平均	品名	产量数					分配产量	农业人口	全年每人平均		
																		全年	夏季	秋季
夏季总产				5 522		12 544	19 386	284	63	秋粮总产	54 704									
小　麦	19 977			3 545						玉　米	37 155									
洋　芋	8 648			1 477						黄　豆	12 171									

续 表

项目 品名	产量数	支出部分				合计	分配			秋季产量		支出部分					全年分配数				
		公粮	购粮	籽种	饲料		分配数	农业人	每人平均	品名	产量数						分配产量	农业人口	全年每人平均 全年	夏季	秋季
杂粮	3 305			500						小麦	3 565										
										红薯	763										
去年籽种[种子]	427.45									谷子	840										
大麻籽										蔓豆	210										
今年秋季实留种籽[子]细	449.07																				
实留大麻籽	4.00																				

明细分类账

（格式）

科目：库存物资

子目：大麻子[籽]　　　　第　　页

57年		凭证号数	摘要	收入									付出									余额								
月	日			数量	单价	万	千	百	十	元	角	分	数量	单价	万	千	百	十	元	角	分	数量	单价	万	千	百	十	元	角	分
4	14	×	上年转来大麻子[籽]〈种〉	40斤						4	8	0																		
12	22		存种籽[子]										379斤	0.15 元					5	5	5							5	5	5

一九六一年秋季产量折合金额

1961年12月13日

合　计	数　量	54 704
	金　额	4 650.35
玉　米	数　量	37 155
	金　额	2 898.09
黄　豆	数　量	12 171
	金　额	1 350.98
小　豆	数　量	3 565
	金　额	270.94
红　薯	数　量	763
	金　额	61.04
谷　子	数　量	840
	金　额	54.60
蔓　豆	数　量	210
	金　额	14.70

一九六一年各样粮食价格：

秋季价格

玉米：0.078元

黄豆：0.111元

小豆：0.076元

红薯：0.08元

谷子：0.065元

蔓豆：0.07元

绿豆：0.112元

材江：0.076元

大麻籽：0.20元

明细分类账

（格式）

科目：库存物资

子目：红薯　　　　第　页

57年		凭证号数	摘要	收入										付出										余额									
月	日			数量	单价		万	千	百	十	元	角	分	数量	单价		万	千	百	十	元	角	分	数量	单价		万	千	百	十	元	角	分
12	22		秋季存种籽[子]红薯147.8斤											147.8斤	0.06	元					8	8	5								8	8	5

项　　目		一至三家	四至六家	七至九家	十家以上	合　计
级别人数	一至三家	1				1
	四至六家		1			1
	七至九家			1		1
	十家以上				1	1
应得口粮数	数　量	90	108	117	1 318	
	金　额	7.26	878	9.61	10.87	
玉　米	数　量	718	8 312	87	948	
	金　额	5.58	6.53	6.79	7.37	
黄　豆	数　量	8	12	16	20	
	金　额	0.89	1.34	1.78	2.22	
小　豆	数　量	8	9	10	11	
	金　额	0.61	0.68	0.76	0.84	
谷　子	数　量	1.8	2	28	3	
	金　额	1.10	0.13	0.16	0.20	
红　薯	数　量	1	14	18	3	
	金　额	0.08	0.10	0.12	0.24	
备　　注						

	人　　数		金　　额
一至三家	16 人	7.16	114.56 元
四至六家	18 人	8.78	758.04 元
七至九家	21 人	9.61	201.81 元
十家以上	203 人	10.87	2 206.61 元
合　　计	258		2 681.02 元

项目		一至三家	四至六家	七至九家	十家以上	合计
级别人数	一至三家	1				1
	四至六家		1			1
	七至九家			1		1
	十家以上				1	1
应得数	数量	108	126	135	153	
	金额	8.99	10.51	11.34	12.88	
小米	数量	798	91.12	95	106	
	金额	6.20	7.16	7.41	8.27	
黄豆	数量	78	22	26	30	
	金额	2.00 1.9	2.44	2.89	3.33	
小豆	数量	8	9	10	11	
	金额	0.61	0.68	0.76	0.84	
谷子	数量	1.8	2	28	3	
	金额	0.10	0.13	0.16	0.20	
红薯	数量	7	14	18	3	
	金额	0.08	0.10	0.12	0.24	
备注						

明细分类账

科目：库存物资
子目：黑豆　　　　第　页

（格式）

57年		凭证号数	摘要	收入										付出										余额									
月	日			数量	单价		万	千	百	十	元	角	分	数量	单价		万	千	百	十	元	角	分	数量	单价		万	千	百	十	元	角	分
4	14	1	上年转来	28斤	0.06	元					1	6	8																				

指　标	单位	总 计	交纳农业税	出售国家	出售公社	社员分配	种 子	饲 料	其他
粮食合计		74 463	3 684	8 443		53 019	8 522	220	575
1. 稻谷									
2. 小麦		19 402	2 394	4 228		9 085	3 695		
3. 杂粮		45 650	1 290	4 215		36 000	3 350	220	600
4. 菜类		9 411				7 934	1 477		
5. 大豆		12 171		1 153		8 105	1 953	330	630
合计		86 634	3 684	9 596		61 124	10 475	525	1 230
全年总产量数		95 556						550	1 205
一、夏季总产		34 410							
1. 集体		31 930	2 394	4 628			5 522	50	
2. 社员自留地		2 480				1 980			
二、秋季总产		61 146							
1. 集体		74 704	1 290	3 815			4 953	500	800
2. 社员自留地		6 442				6 442		马后林	360
全年总产		100 551					11 558		
一、夏季		39 430					4 512		
1. 集体		31 930							
2. 社员自留地		7 500							274
二、秋季		61 146					7 046		20 540
1. 集体		56 136							
2. 社员自留地		5 010							

明细分类账

科目：库存物资

子目：蔓豆　　　　第 12 页

(格式)

57年		凭证号数	摘要	收入									付出									余额								
月	日			数量	单价	万	千	百	十	元	角	分	数量	单价	万	千	百	十	元	角	分	数量	单价	万	千	百	十	元	角	分
4	14	1	上年转来种子	534斤						2	5	6																		

六一年全年分配情况

籽种[种子]支出情况：拨给种籽[子]454.07 元，大麻籽 20 斤扣除 4.00 元，共计 458.07 元；社员投支[资]类扣除 305.00 元，生产费用 16.80 元，共计支出 779.87 元。

一九六一年六月二十号公社黄忠孝公长

1.

2.

3. 要审查大包干的粮情况决定决受的工作：张队抽筹粮是不多少。

4. 要划分生产大队问题：划开生产的情况。

5. 要落实六二四类务[事]务：由：棉、猪、蛋、毛猪落实情况。

6. 进行整党整团：和其干部生产队的机构等。

7. 大队要帮助生产队做好财务填表。

8. 帮助生产做好六二年生产计划：可以大队制成表设数好。

1. 对设前工作进行的安排表：把五处的劳力安排好一切如下：

2. 对宣传前粮田大包干三照顾，五保户、军属和□人、干部属。

每个户一头

	毛　驴	石　油	鸡　蛋	生活安排粮食
油离样	38	200		18 300
白　鬲	20	80		3 500
长白清	18	80		2 400
花　岭	8	40		3 000
花　本	8	40		
花　中	20	80		2 500
药　药	20	100		
花　河	11	60		10 300
苏　河	10	60		10 000
合　计	153 头	740 斤		500 000 斤

以上生活安排

明细分类账

科目：库存物资
子目：荞麦　　第 12 页

（格式）

57年		凭证号数	摘要	收入									付出									余额								
月	日			数量	单价	万	千	百	十	元	角	分	数量	单价	万	千	百	十	元	角	分	数量	单价	万	千	百	十	元	角	分
4	14	1	上年转来种子	628斤	0.04 元					2	5	0																		

划生产队基本情况
总产数人口总劳力登记

<table>
<tr><th rowspan="2">项目
队名</th><th rowspan="2">总户数</th><th rowspan="2">总人数</th><th colspan="2">其 中</th><th rowspan="2">总劳力</th><th colspan="3">其中：男女全劳</th><th colspan="4">其中：男女半劳折合数</th><th rowspan="2">备注</th></tr>
<tr><th>男</th><th>女</th><th>全</th><th>男</th><th>女</th><th>小计</th><th>男</th><th>女</th><th>折合</th></tr>
<tr><td rowspan="2">一 队</td><td rowspan="2">32</td><td rowspan="2">148</td><td rowspan="2">76</td><td rowspan="2">72</td><td rowspan="2">52</td><td rowspan="2">47</td><td rowspan="2">31</td><td rowspan="2">16</td><td>5</td><td>3</td><td>2</td><td rowspan="2">5</td><td rowspan="2"></td></tr>
<tr><td>11</td><td>7</td><td>4</td></tr>
<tr><td rowspan="2">二 队</td><td rowspan="2">29</td><td rowspan="2">143</td><td rowspan="2">77</td><td rowspan="2">64</td><td rowspan="2">53</td><td rowspan="2">49</td><td rowspan="2">27</td><td rowspan="2">22</td><td>5</td><td>2</td><td>2</td><td rowspan="2">4</td><td rowspan="2"></td></tr>
<tr><td>8</td><td>3</td><td>5</td></tr>
<tr><td rowspan="2">三 队</td><td rowspan="2">61</td><td rowspan="2">291</td><td rowspan="2">154</td><td rowspan="2">136</td><td rowspan="2">105</td><td rowspan="2">96</td><td rowspan="2">58</td><td rowspan="2">38</td><td>9</td><td rowspan="2">10</td><td rowspan="2">9</td><td rowspan="2">9</td><td rowspan="2"></td></tr>
<tr><td>19</td></tr>
</table>

项目 生产队组名	耕地总亩数	坪地	坡地	山地	耕牛头数	备 注
花岭大队	449				54	
山嘴[咀]子一队	219				25	
第一组	92.5				11	
第二组	57				6	
第三组	69.5				8	
花岭二队	230				29	
第一组	160.3				23	
第二组	697				6	

明细分类账

科目：库存物资

（格式）　　　　子目：谷子　　　第 11 页

57年		凭证号数	摘要	收入									付出									余额								
月	日			数量	单价	万	千	百	十	元	角	分	数量	单价	万	千	百	十	元	角	分	数量	单价	万	千	百	十	元	角	分

一九六一年粮食奖售留分配各生产队表
1961 年 12 月 30 日

项目 / 队名	布 证	胶 鞋	铁 锅	煤 缸	纸 烟	柴衣服	公社分花烟
分配任务	60 尺	6 双	5 口	10 个	38 合	5 件	100 合
山嘴[咀]子一队		3 双	3 口	3 个		3 件	
花岭二队		3 双	2 口	4 个		2 件	

花岭队大队现有库存粮食账

黄豆 1 577 斤扣除；玉米 450 斤扣除；小麦 372 斤扣除

付出粮食：付出一队玉米 260 斤；黄豆 100 斤；大麦 85 斤；

付出二队玉米 260 斤；黄豆 100 斤；大麦 82 斤；

付给社员：一队何昌容玉米 20 斤，扣除 1.56 元，欠；何坤明玉米 15 斤，扣除 1.17 元，清；何穿轨玉米 30 斤，扣除 2.34 元，清；郭得财玉米 20 斤，扣除 1.56元，欠；黄豆 20 斤，扣除 2.22 元，欠；马成章蔓豆 20 斤，欠；王庞就蔓豆 32 斤，欠；何彦收蔓豆 25 斤，清；何坤明 15 斤，清。

二队：高振东蔓豆 15 斤，欠；王文财 10 斤，欠；马后林 27 斤；何昌福 20 斤，欠；马后福蔓豆 30 斤，欠；陈骆朝 30 斤，欠；马后林玉米 108 斤，清。

明细分类账

（格式）　　　　科目：种植业收入
　　　　　　　　子目：小豆　　　　第 10 页

57年		凭证号数	摘要	收入										付出										余额									
月	日			数量	单价		万	千	百	十	元	角	分	数量	单价		万	千	百	十	元	角	分	数量	单价		万	千	百	十	元	角	分
			上年转来种子																	6	1	0	1	705斤	0.63	元				4	4	0	1
8	15		给各组春播用种子							6	1	0	1																				
12	22		秋季共收	2 559斤	0.06	元			1	5	3	6	9																1	5	3	6	9

生产大队基本情况统计表

队名		花岭大队	山嘴[咀]小队	花岭小队
生产队数		2	1	1
作业级数		5	3	2
总户数		65	33	32
总人数		294	151	143
其中数	男人	157		
	女人	137		
党员数		5	1	4
团员数		6	3	3
总劳力		105	52	53
其中数	男全	54	38	26
	女全	38	16	22
	男半	8	5	3
	女半	10	6	4
总面积		459	226	233
其中数	本地	84	40	44
	收地	197	102	95
	山地	178	84	94
自留地		34	17	17
耕牛总头数				
其中数	公牛头数	255	24	31
	母牛头数	34	16	18
	役用牛数	21	8	13
生猪总头数		32	14	18
其中数	公养的			
	私养的	26		
	母猪数	6	4	2
兔		23	10	13
鸡		158	83	75
峰[蜂]		4	1	3

明细分类账

(格式)

科目:种植业收入
子目:黄豆　　　第 9 页

57年		凭证号数	摘要	收入									付出									余额								
月	日			数量	单价	万	千	百	十	元	角	分	数量	单价	万	千	百	十	元	角	分	数量	单价	万	千	百	十	元	角	分
			库存黄豆	1 577 斤																										
			销给社员	640 斤																										
			库存小豆	372 斤																										
			销给社员	200 斤																										
			库存包谷	450 斤																										

花岭队 1961 年夏季留种分配表

队名	合计	小麦	大麦	黄豆	路仁	扁豆	洋麦	洋芋		荞麦	库存	
											小麦	扁豆
花岭队												
山嘴[咀]子队												
合计	5 523	2 962	85	4 015	259	139	147	毛数	折合 1 480	50	154 金额 17.25 元	93 金额 8.93 元

一队领玉米 260 斤，扣除 20.78 元；黄豆 70 斤，扣除 7.77 元；小豆 80 斤，扣除 608 元；大麦 85 斤，扣除 5.95 元；谷子 48 斤，扣除··元；合计 40.08。

二队领玉米 260 斤，扣除 20.78 元；黄豆 150 斤，扣除 16.65 元；小豆；大麦 82 斤，扣除 5.74 元；谷子 48 斤，扣除··元；合计 42.67。

共计 82.75 元。

明细分类账

（格式）

科目：种植业收入

子目：黄豆　　　　第 9 页

57年		凭证号数	摘要	收入										付出										余额									
月	日			数量	单价		万	千	百	十	元	角	分	数量	单价		万	千	百	十	元	角	分	数量	单价		万	千	百	十	元	角	分
			上年转来	3 070 斤															1	2	8	0	4						1	2	8	0	4
8	15	8	给各级县用种籽[子]						1	2	8	0	4																				
12	22		秋季共收	11 345 斤	0.06	元			6	8	0	7	0																6	8	0	7	0

一九六一年夏季留各样籽种[种子]

项目 队名		山嘴[咀]队	花 岭 队	合　计
小 麦	数 量	1 102	1 450 1 660	2 762
	金 额	123.42	162.40 185.92	331.74
大 麦	数 量	22	23	85
	金 额	1.54	1.61	5.95
洋 麦	数 量	40	107	147
	金 额	2.80	7.49	10.29
路 仁	数 量	109	150	259
	金 额	9.60	13.20	22.79
蔓 豆	数 量	152	33	482
	金 额	11.86	25.84	37.60
扁 豆	数 量	45	94	139
	金 额	3.96	8.27	12.23
洋 芋	数 量	725	755	1 480
	金 额	81.20	84.56	165.76
荞 麦	数 量	25	25	50.340
	金 额			
合　计		237.8	328.49	589.76

一九六一年秋季留籽种[种子]

队　名		山嘴[咀]子队	花岭队	合　计
玉 米	数 量	922	1 034	1 956
	金 额	71.92	80.65	152.57
黄 豆	数 量	945	811	1 756
	金 额	104.90	90.03	194.93

续 表

<table>
<tr><th colspan="2">队 名</th><th>山嘴[咀]子队</th><th>花岭队</th><th>合 计</th></tr>
<tr><td rowspan="2">小 豆</td><td>数 量</td><td>306</td><td>373</td><td>679</td></tr>
<tr><td>金 额</td><td>23.26</td><td>28.35</td><td>51.51</td></tr>
<tr><td rowspan="2">谷 子</td><td>数 量</td><td>10</td><td>15</td><td>25</td></tr>
<tr><td>金 额</td><td>0.65</td><td>0.98</td><td>1.63</td></tr>
<tr><td rowspan="4">红 薯</td><td rowspan="2">数 量</td><td>143</td><td rowspan="2">155</td><td rowspan="2">298</td></tr>
<tr><td>150</td></tr>
<tr><td rowspan="2">金 额</td><td>11.44</td><td rowspan="2">12.40</td><td>23.94</td></tr>
<tr><td>12.00</td><td>24.40</td></tr>
<tr><td rowspan="2">蔓 豆</td><td>数 量</td><td>48</td><td>20</td><td>68</td></tr>
<tr><td>金 额</td><td>3.36</td><td>1.40</td><td>4.76</td></tr>
<tr><td rowspan="2">大麻子[籽]</td><td>数 量</td><td>25</td><td>20</td><td>45</td></tr>
<tr><td>金 额</td><td>5.00</td><td>4.00</td><td>9.00</td></tr>
<tr><td rowspan="3">合 计</td><td>数 量</td><td>2 374</td><td>2 408</td><td>4 782</td></tr>
<tr><td rowspan="2">金 额</td><td rowspan="2">215.53</td><td rowspan="2">213.81</td><td>428.34</td></tr>
<tr><td>447.52</td></tr>
</table>

明细分类账

（格式）

科目：
子目：　　　　第　页

57年		凭证号数	摘要	收入									付出									余额								
月	日			数量	单价	万	千	百	十	元	角	分	数量	单价	万	千	百	十	元	角	分	数量	单价	万	千	百	十	元	角	分

花岭大队春播面积统计表

单位：市亩

农作物名称	合计					山嘴[咀]生产队				花岭生产队				
	合计	人民公社集体经营的	社员自经营的		机关学校经营的	合计	人民公社集体经营的	社员自经营的		合计	人民公社集体经营的	社员自经营的		机关学校经营的
			小计	其中自留地				小计	其中自留地			小计	其中自留地	
甲	1.2+3+5+5	2	3	4	5	1	2	3	4	1	2	3	4	
总合计	462	420	41	32	1	226	25.5	20.5	16	226	204.5	20.5	14	1
一、粮食及大豆合计	450	413	37	28		220.5	202	18.5	14	219.5	201	18.5	14	
（一）粮食作物合计	398	363	35	26		195.5	178	17.5	13	192.5	175	17.5	13	
1. 水稻														
2. 秋杂粮	320	305	15	8		165.5	148	7.5	4	154.5	147	7.5	4	
（1）玉米	270	260	10	8		137	132	5	4	133	128	5	4	

续 表

农作物名称	合计					山嘴[咀]生产队				花岭生产队				
	合计	人民公社集体经营的	社员自经营的		机关学校经营的	合计	人民公社集体经营的	社员自经营的		合计	人民公社集体经营的	社员自经营的		机关学校经营的
			小计	其中自留地				小计	其中自留地			小计	其中自留地	
(2) 谷子	26	24	2			17	16	1		9	8	1		
(3) 荞麦	3		3			1.5		1.5		1.5		1.5		
(4) 洋麦														
(5) 其他	21	21				10	10			11	11			
3. 菜类	78	58	20	18		40	30	10	9	38	28	10	9	
(1) 红薯														
(2) 洋芋	78	58	20	18		40	30	10	9	38	28	10	9	
(二) 大豆合计	52	50	2	2		25	24	1	1	27	26	1	1	
其中：黑豆														
二、经济作物	12	7	4	4	1	5.5	3.5	2	2	6.5	3.5	2	2	1
(一) 棉花	1	1				0.5	0.5			0.5	0.5			
(二) 油料	6	6				3	3			3	3			
1. 花生														
2. 芝麻														

续　表

农作物名称	合计					山嘴[咀]生产队					花岭生产队				
	合计	人民公社集体经营的	社员自经营的		机关学校经营的	合计	人民公社集体经营的	社员自经营的		机关学校经营的	合计	人民公社集体经营的	社员自经营的		机关学校经营的
			小计	其中自留地				小计	其中自留地				小计	其中自留地	
4. 比[蓖]麻籽	6	6				3	3				3	3			
(三)土芋头	4		4	4		2		2	2		2		2	2	
(四)块富(原文如此——编者注)															
(五)其他作物	1				1						1				1

报告日期 5 月 23 号

明细分类账

（格式）

科目：种植业收入
子目：玉米　　　第 8 页

57年		凭证号数	摘要	收入									付出									余额								
月	日			数量	单价	万	千	百	十	元	角	分	数量	单价	万	千	百	十	元	角	分	数量	单价	万	千	百	十	元	角	分
			上年转来	2 640 斤	0.063 元			1	6	8	1	6										2 640 斤	0.063 元			1	6	8	1	6
8	15		付出一笔										2 640 斤	0.063 元			1	6	8	1	6									
12	22	57	秋季共存玉米 950 斤	950 斤	0.06 元				5	7	0	0															5	7	0	0
12	22		秋季共存玉米 950 斤	45 488.8 斤	0.06 元		2	7	2	9	9	0													2	7	2	9	9	0

62年秋季实行粮食数字汇报

小豆：社员分配2 015斤，库存700斤，种600斤，共计3 315斤；

玉米：社员分配21 428斤，库存6 870斤，种1 749斤，共计30 047斤；

黄豆：社员分配2 100斤，库存1 170斤；

饲料：社员分配500斤，种1 000斤，共计4 770斤；

红薯：社员分配285斤；

谷子：社员分配450斤；

洋豆：社员分配200斤；

合计：26 478斤。

粮食分别39 067斤，其中籽种[种子]3 349斤，饲料500斤，大麻150斤。

小嘴蜂队总28 000户分配33斤。

秋季总产量37 349，社员分配26 706斤，籽种[种子]2 858斤，库存7 785斤；

玉米：27 680斤；

黄豆：5 090斤；

小豆：2 568斤；

红薯：97斤；

蔓豆：350斤；

绿豆：80斤；

谷子：1 584斤；

玉米籽1 702斤；

黄豆籽：690斤；

小豆籽：466斤；

合计：2 858斤。

社员分配过26 706斤，库存7 785斤。

明细分类账

科目：种植业收入
子目：玉米
第　页

（格式）

57年		凭证号数	摘　要	收　入									付　出									余　额								
月	日			数量	单价	万	千	百	十	元	角	分	数量	单价	万	千	百	十	元	角	分	数量	单价	万	千	百	十	元	角	分
12		17	付一笔	950斤	0.06 元				5	7	0	0															5	7	0	0

丹凤县农耕水牧报告夏收予[预]分工作　1963年5月11日

对粮食困难户，有些少数把原（粮）检查后。再分配粮食，没有分食物。粮食乱开支，乱扣一些粮食，在有这户问题社员增加负担。三基本工作比往年更一条正好。对四属一保也好照顾。

3. 来看夏收，以来看见销售的买量好的。发动群众做好去年夏收工作，从六十条来。

(1) 粮食分配要本着国家、集体、个人，做到三者兼顾的原则，先交给国家公购粮，在夏季进[尽]量的[地]多交一些购公[公购粮]，分配给社员要多安排几个月工作，扣除种籽[子]，留一些储备粮，交给社员大会讨论研究，生产队留储备粮夏季总产扣除1%起不已1%的扣除。生产干部不干工作不得补贴口粮，分配办法：1. 按照劳分配基本口粮的办法；2. 按劳分配加照顾的办法，这种办法交给社员讨论民主决定，不得干部强调一致，付产品的分配，农产品的分配，也是这办法，按劳分配加照顾，人均年基本口粮分配都交给社员，大会讨论来分配。

4. 认真做好粮食困难户的照顾工作，对困难户的照顾，是社会主义的互助，要做到四属，的口粮的照顾口粮，按照规定照顾，分别对付，五保户、军属，要高入[出]平均口粮干部职工家属，较低入[出]平均口粮，每决定二三基本决定的不合理的地方，要按别户的条正[调整]。

在头[投]机倒把的人，采取按劳分配照顾的办法，应分一半，不可给他照顾，采取按劳各半的分配的办法，分给一半。但是不参加现分配，分配粮食，粮物农副产品，按照分配工分配。

2. 现金分配，要精打细算，要做到统筹兼顾，全部全年扣除··。公积金45%，公益金23%，管理0.5%，在0.5%内可以实报实销，生产费用，按照夏季实花费分配。分配时多少核实，在[再]现金分配的方案，生产队收入少生产队不现[先]分，方案社员做工条借[借条]。

4. 干部的务工补贴，大队定工生产在那生产队做参加分配补贴，工按照各生产队总报包干任务总产量和分配，生产队干部的补贴，在那生产队分配，有些单花队产地分工分配，根据原来给包的任务来分配。

生产大队搞好企业分配后、秋季分（配）在一段（时间）不要分配。在对一般的超支户缺款户，要实行排队排产，能够回来全部利用，不要在[再]拖拉。

5. 分配时要(安)排好社员生活对不会过日子的人分比[批]分次的[地]给他发粮,不要一起发到户,同前分配工作,各税都有交来后分配。2. 要〈决〉坚决贯彻党的正义军,各公社在三里[天]时间全部训练,生产队会计,夏秋分配,社员分配的办法决定是交给社员讨论申请。

1962 年 5 月 12 日〈年〉县委王照祥报告今年夏季新账务

今年夏季平分各项总计收入和开支情况,表〈划〉如下:

明细分类账

科目:种植业收入
子目:洋麦
第 6 页

(格式)

57 年		凭证号数	摘要	收入									付出									余额								
月	日			数量	单价	万	千	百	十	元	角	分	数量	单价	万	千	百	十	元	角	分	数量	单价	万	千	百	十	元	角	分
8	21	9	夏收共打(洋麦)	1 507.10 斤	0.06 元				9	0	4	6										1 507.10 斤	0.06 元				9	0	4	6
8	22	48	刘恒珍 348 斤										34.8 斤	0.06 元					2	0	7						8	8	3	9

5月12日上午照祥报告全年夏季新账务

一、1. 收入:(1) 实际收入;(2) 总计收入

2. 开始:

3.

4.

5.

6.

二、粮食分配:(1) 基本口粮,批增劳动工分按工分配。

基本口粮和按劳动工代粮的分配报办法。

按劳分配加照顾的办法:(1) 照顾户少、劳力户的粮食。

三、关于确定基本口粮,主要是算法的步骤。

人劳比例口粮分配的办法。

按劳分配加照顾的办法、主意、三基的落实调整。

县委赵书记的指示夏季预分

1962年5月4日午

各公社的干部和花社长都也可以定三基本,凡是能劳动的人都可以定三基本,分配的扣除,籽种[种子]、留社的不过[可]太多,要留(准)确,在夏季能多交一点公购粮,在[再]留是[足]口粮、口粮安排三个月至五个月都能行希多安排几个月口粮,秋季是好一些的。要对军属烈属的生活,特别要照顾好,干部家属等,工作干部家属,要吃平均口粮,不得大义马呼[大意马虎]。目前要测产,特别对单干风思想,要注意对回来的扩大地产量特别要看正确,花岭折江[浙江]省、干部参加劳动的材料,如下给大家念一下回去好讨论,赵书记给干部找个饲养母猪、养猪。

明细分类账

（格式）

科目：种植业收入
子目：路仁　　　第 5 页

57年		凭证号数	摘要	收入									付出									余额								
月	日			数量	单价	万	千	百	十	元	角	分	数量	单价	万	千	百	十	元	角	分	数量	单价	万	千	百	十	元	角	分
8	21	9	夏收公社共打	2 689 斤	0.068 元			1	8	2	9	8										2 689 斤	0.068 元			1	8	2	9	8
8	22	48	刘恒珍领取										12 斤	0.068 元						8	2					1	8	2	1	6
8	22	48	马玉成 56.8 斤										56.9 斤	0.068 元					3	8	4					1	7	8	3	2
8	22	48	马玉合 34 斤										34 斤	0.068 元					2	3	1					1	7	6	0	1

县委王局长的总结

1963年5月14日午

关于今年夏季工分分配工作的几项问题如下：

1. 粮食分配根据中央指（示）粮食分配全年总统一来分配，不是夏季就分，秋季做款分。

2. 关于大队干部的补贴工问题，经过社员大会讨论和社员代表。

3. 大会讨论解决干部问题，开会问题，各级开会都要打条子，随时记入。

4. 关于折算准人人交给社员讨论或折或不折都可以采取。

5. 粮食分配一次分到户，队上不留粮食，有个别的社员不过日子可以按月发。

6. 基本劳动任务，不可以奖征，那交给社员讨论个别的征奖。

7. 养牛工已经全讨论，养牛工不得当入社（社）员工分过了。

8. 军士烈属、五保户，照顾的做法问题。

9. 大队管理费提出比例，经生产队户想毕来提出。

关于对夏季目前工作：

1. 目前要做好测产工作，测产要根据老农结入[合]收入实际，工作可靠交给社员讨论向社员公布，由社员大家确定。

2. 认真做好正[整]风正[整]社收回社员扩大地问题，强收对工本费一定付〈育〉，夏季粮食分配方案包括现金分配方案问题，夏粮分配要统筹兼顾全面安排，要收[做]到三者兼顾，粮食分配扣除，籽种[种子]和交公购粮任务，扣留，机动粮在社员分配总口粮超不过[不超过]1.2%，再分配给社员口粮。

明细分类账

（格式）

科目：种植业收入
子目：扁豆　　　第 4 页

57年		凭证号数	摘　要	收　入									付　出									余　额								
月	日			数量	单价	万	千	百	十	元	角	分	数量	单价	万	千	百	十	元	角	分	数量	单价	万	千	百	十	元	角	分
8	21	9	夏收共打扁豆	641.10 斤	0.068 元				4	3	6	2										641.10 斤	0.068 元				4	3	6	2

按分配加照顾户的工试算的方法

	人　数	定三基本	每户所要	所需工
(1)	6人	200	300	360
(2)	2人	200	100	120
(3)	4人	200	200	240
(4)	3人	90	50	180
(5)	1人	120	50	60
合　计	16人	810÷16=50		

明细分类账

（格式）

科目：种植业收入
子目：黄豆　　　第 3 页

57年		凭证号数	摘要	收入									付出									余额								
月	日			数量	单价	万	千	百	十	元	角	分	数量	单价	万	千	百	十	元	角	分	数量	单价	万	千	百	十	元	角	分
8	21	9	夏收共打黄豆	194 613 斤	0.057 元			1	1	2	7	6										194 613 斤	0.057 元			1	1	2	7	6

明细分类账

（格式）

科目：种植业收入
子目：黄豆　　　第 2 页

57年		凭证号数	摘要	收入									付出									余额								
月	日			数量	单价	万	千	百	十	元	角	分	数量	单价	万	千	百	十	元	角	分	数量	单价	万	千	百	十	元	角	分
8	21	9	夏收共打	1 685.11 斤	0.052 元				8	7	6	5															8	7	6	5
8	22	48	刘恒珍领取										48.8	0.052 元					2	5	0						8	5	1	5
8	22	48	马玉成领取										20	0.052 元					1	0	4						8	4	1	1
8	22	48	马玉合领取										107	0.052 元						5	2						8	3	5	9

明细分类账

（格式）

科目：种植业收入
子目：小麦　第 1 页

57年		凭证号数	摘要	收入									付出									余额								
月	日			数量	单价	万	千	百	十	元	角	分	数量	单价	万	千	百	十	元	角	分	数量	单价	万	千	百	十	元	角	分

明细分类账

（格式）

科目：库存物资
子目：小麦　　　第 1 页

57年		凭证号数	摘要	收入									付出									余额								
月	日			数量	单价	万	千	百	十	元	角	分	数量	单价	万	千	百	十	元	角	分	数量	单价	万	千	百	十	元	角	分
8	21	9	夏收小麦扣留部分入库存										2 671 斤	0.085	元		2	2	7	0	4					2	2	7	0	4
8	22	10	销给社员	83 斤	0.085	元				7	0	6														2	1	9	9	8
8	25		销给社员焦成国	100 斤	0.085	元				8	5	0														2	1	1	4	8
12	9		销给社员鲍文星	52 斤	0.085	元				4	4	2														2	0	7	0	6
12	9		销给社员何昌顺	18 斤	0.085	元				1	5	3														2	0	5	5	3
12	9		销给社员马玉成	40 斤	0.085	元				3	4	0														2	0	2	1	3
12	9		付牛医费小麦	35 斤	0.085	元				2	9	8														1	9	9	1	6

明细分类账

科目：库存物资

子目：大麻子[籽]　　第 16 页

(格式)

57年		凭证号数	摘要	收入									付出									余额								
月	日			数量	单价	万	千	百	十	元	角	分	数量	单价	万	千	百	十	元	角	分	数量	单价	万	千	百	十	元	角	分
			上年转来																5	7	6	48斤	0.12 元					5	7	6
8	15	8	给各级春播用种籽[子]	48斤	0.12 元					5	7	6																		
12	22		秋季共收	37斤	0.15 元					5	5	5																5	5	5

明细分类账

科目：种植收入

子目：红薯　　第 15 页

(格式)

57年		凭证号数	摘要	收入									付出									余额								
月	日			数量	单价	万	千	百	十	元	角	分	数量	单价	万	千	百	十	元	角	分	数量	单价	万	千	百	十	元	角	分
12	22		秋季实收扣除籽[种子]	856斤	0.06 元				5	1	2	4															5	1	2	4

明细分类账

（格式）

科目：种植业收入
子目：蔓豆　　　　第 14 页

57年		凭证号数	摘要	收入											付出											余额										
月	日			数量	单价		万	千	百	十	元	角	分	数量	单价		万	千	百	十	元	角	分	数量	单价		万	千	百	十	元	角	分
			上年转来																		3	1	5	63斤	0.05	元					3	1	5
8	15	8	给各级春播用种籽[子]	63斤	0.05	元					3	1	5																				

明细分类账

（格式）

科目：种植业收入
子目：莴麦　　　　第 13 页

57年		凭证号数	摘要	收入											付出											余额										
月	日			数量	单价		万	千	百	十	元	角	分	数量	单价		万	千	百	十	元	角	分	数量	单价		万	千	百	十	元	角	分
			上年转来																		2	5	1	62.8斤	0.04	元					2	5	1
8	15	8	给各级春播用种籽[子]	62.8斤	0.04	元					2	5	1																				

明细分类账

（格式）

科目：种植业收入

子目：谷子　　　　第 12 页

57年		凭证号数	摘要	收入									付出									余额								
月	日			数量	单价	万	千	百	十	元	角	分	数量	单价	万	千	百	十	元	角	分	数量	单价	万	千	百	十	元	角	分
12	22		秋共收	1 267.8 斤	0.05 元				6	3	4	8															6	3	4	8

明细分类账

（格式）

科目：种植业收入

子目：黑豆　　　　第 11 页

57年		凭证号数	摘要	收入									付出									余额								
月	日			数量	单价	万	千	百	十	元	角	分	数量	单价	万	千	百	十	元	角	分	数量	单价	万	千	百	十	元	角	分
			上年转来																1	6	8	28斤	0.06 元					1	6	8
8	15	8	给各级春播用种籽[子]	28斤	0.06 元					1	6	8																		

明细分类账

（格式）

科目：库存物资
子目：大麦　　　第 2 页

57年		凭证号数	摘要	收入									付出									余额								
月	日			数量	单价	万	千	百	十	元	角	分	数量	单价	万	千	百	十	元	角	分	数量	单价	万	千	百	十	元	角	分
8	21		夏收部分入库存放										397 斤	0.032 元				2	0	3	3	391 斤	0.032 元				2	0	3	3
8	22	48	销给社员	78.8 斤	0.52 元					4	0	8															1	6	2	5
12	9		付给鲍文星30 斤	30 斤	0.52 元					1	5	6															1	4	6	9
12	13		给各冬播大麦	229.8 斤	0.52 元				1	1	9	3															1	2	3	9

明细分类账

（格式）

科目：库存物资
子目：洋麦　　　第 5 页

57年		凭证号数	摘要	收入									付出									余额								
月	日			数量	单价	万	千	百	十	元	角	分	数量	单价	万	千	百	十	元	角	分	数量	单价	万	千	百	十	元	角	分
8	21		夏收洋麦扣留部分入库存放										299 斤	0.06 元				1	7	9	4	299 斤	0.06 元				1	7	9	4
8	22	10	刘恒珍领去	34.8 斤	0.52 元					2	0	7										264.8 斤	0.06 元				1	5	8	6
12	13		冬播种	264.8 斤	0.06 元				1	5	8	7																		

明细分类账

科目：库存物资
子目：扁豆　　第 4 页

（格式）

57年		凭证号数	摘要	收入										付出										余额									
月	日			数量	单价		万	千	百	十	元	角	分	数量	单价		万	千	百	十	元	角	分	数量	单价		万	千	百	十	元	角	分
8	21		夏收扣留部分入库存放											202斤	0.068	元				1	3	7	2	202斤	0.068	元				1	3	7	2
12	13		冬播种	202斤	0.068	元				1	3	7	2																				

明细分类账

科目：库存物资
子目：洋芋　　第 6 页

（格式）

57年		凭证号数	摘要	收入										付出										余额									
月	日			数量	单价		万	千	百	十	元	角	分	数量	单价		万	千	百	十	元	角	分	数量	单价		万	千	百	十	元	角	分
8	21		库存种子											5 901斤	0.014	25				8	4	0	9	5 901斤	0.014	25				8	4	0	9

明细分类账

（格式）

科目：库存物资
子目：路仁　　　　第 7 页

57年		凭证号数	摘要	收入									付出									余额								
月	日			数量	单价	万	千	百	十	元	角	分	数量	单价	万	千	百	十	元	角	分	数量	单价	万	千	百	十	元	角	分
			夏收扣留部分入库存放										434 斤	0.068 元				2	9	5	1	434 斤	0.068 元				2	9	5	1
8	22	10	销给社员	102.8 斤						6	9	7										331.8 斤					2	2	5	4
12	13		冬播种	331.8 斤					2	2	5	4																		

明细分类账

（格式）

科目：库存物资
子目：玉米　　　　第 8 页

57年		凭证号数	摘要	收入									付出									余额								
月	日			数量	单价	万	千	百	十	元	角	分	数量	单价	万	千	百	十	元	角	分	数量	单价	万	千	百	十	元	角	分
4	14	1	上年转来种子	3 062 斤	0.63 元			1	9	5	1	0																		
4	14	1	上年转来公积金	535 斤	0.63 元				3	4	0	8																		
12	22		公社共扣留种籽[子]公积金										51 009 斤	0.06 元			3	0	6	0	0					3	0	6	0	0

明细分类账

科目：库存物资
子目：玉米　　第 9 页

(格式)

57年		凭证号数	摘要	收入										付出										余额									
月	日			数量	单价		万	千	百	十	元	角	分	数量	单价		万	千	百	十	元	角	分	数量	单价		万	千	百	十	元	角	分
4	14	1	上年转来种子	2 014 斤	0.63	元			1	3	0	8	1																				
4	14	1	上年转来公积金	3 660 斤	0.63	元				1	6	5	6																				
12	22		公社共扣留种籽[子]公积金											7 800 斤	0.06	元			1	6	8	0	0						1	6	8	0	0

各生产队汇报日进展情况

各生产队

花岭

各生产队汇报日进展情况

社员投支[资]账

第四组

丹凤县花坪乡、花岭农村生产合作社(公章)

1958年8月29日

社员投支[资]账　第一组　　1958. 8. 29日

食堂社员投资私付出账

户主姓名：陈启朝　　　　第3页

58年		品种	摘要	收入							付出							余额						
月	日			万	千	百	十	元	角	分	万	千	百	十	元	角	分	万	千	百	十	元	角	分
9	11	小麦	陈启朝,投支[资]小麦128.8斤,单价0.85元				1	0	9	9											1	0	9	9
9	11	豌豆	投支[资]碗[豌]豆8斤,单价0.55元						4	4											1	1	4	3
9	11	黄豆	投支[资]黄豆7斤,单价0.06元						4	2											1	1	8	5
9	11																							

食堂社员投资私付出账

户主姓名：邱士有　　　　第 5 页

58年		品种	摘要	收入							付出							余额						
月	日			万	千	百	十	元	角	分	万	千	百	十	元	角	分	万	千	百	十	元	角	分
9	11	小麦	投支[资]小麦 18.8 斤，单价 0.85 元					1	5	4												1	5	4
9	11	大麦	投支[资]大麦 4.10 斤，单价 0.06 元						2	3												1	7	7
9	11	碗[豌]豆	投支[资]碗[豌]豆 3.10 斤，单价 0.55 元						2	0												1	9	7
9	11																							

食堂社员投资私付出账

户主姓名：刘恒珍　　　　第 7 页

58年		品种	摘要	收入							付出							余额						
月	日			万	千	百	十	元	角	分	万	千	百	十	元	角	分	万	千	百	十	元	角	分

食堂社员投资私付出账

户主姓名：何昌有 第 9 页

58年		品种	摘要	收入							付出							余额						
月	日			万	千	百	十	元	角	分	万	千	百	十	元	角	分	万	千	百	十	元	角	分
9	11	小麦	投支[资]小麦104斤〈代〉,单价0.85元					8	8	8												8	8	8
9	11	大麦							2	7												9	1	5
9	11	洋麦	投支[资]洋麦4.2斤,单价0.06元						9	0											1	0	0	5
9	11	碗[豌]豆	投支[资]大麦5.8斤,单价0.06元						5	3											1	0	5	8
9	11	黄豆	投支[资]黄豆21.8斤,单价0.06元					1	2	9											1	1	8	7

食堂社员投资私付出账

户主姓名：何策旭 第 11 页

58年		品种	摘要	收入							付出							余额						
月	日			万	千	百	十	元	角	分	万	千	百	十	元	角	分	万	千	百	十	元	角	分
9	11	小麦	投支[资]小麦108.8斤,单价0.85元					9	2	2												9	2	2
9	11	洋麦	投支[资]洋麦13.14斤,单价0.06元						8	2											1	0	0	4
9	11	碗[豌]豆	投支[资]碗[豌]豆5.10斤,单价0.55元						3	1											1	0	3	5
9	11	黄豆	投支[资]黄豆19斤,单价0.06元					1	1	4											1	1	4	9

食堂社员投资私付出账

户主姓名：何昌衡　　　　第13页

58年		品种	摘要	收入							付出							余额						
月	日			万	千	百	十	元	角	分	万	千	百	十	元	角	分	万	千	百	十	元	角	分
9	11	洋麦	投支[资]洋麦11.12斤，单价0.06元′						7	0													7	0
9	11	碗[豌]豆	投支[资]碗[豌]豆5.10斤，单价0.55元						3	0												1	0	0
9	11	黄豆	投支[资]黄豆7.10斤，单价0.06元						4	5												1	4	5

食堂社员投资私付出账

户主姓名：何昌隆　　　　第15页

58年		品种	摘要	收入							付出							余额						
月	日			万	千	百	十	元	角	分	万	千	百	十	元	角	分	万	千	百	十	元	角	分
9	11	碗[豌]豆	投支[资]碗[豌]豆2.8斤，单价0.6元						1	4													1	4

食堂社员投资私付出账

户主姓名：吴家来　　　　　　　　　　　　　　　　第 17 页

58年		品种	摘　要	收	入						付	出						余	额					
月	日			万	千	百	十	元	角	分	万	千	百	十	元	角	分	万	千	百	十	元	角	分
9	11	小麦	投支[资]小麦 107.8 斤，单价 0.85 元					9	1	3												9	1	3
9	11	板豆籽	投支[资]板豆籽 19.10 斤，单价 0.00 元					1	5	8											1	0	7	1
9	11	碗[豌]豆	投支[资]碗[豌]豆 2 斤，单价 0.55 元						1	1											7	0	8	2
9	11	包谷	投支[资]包谷 176 斤，单价 0.06 元				1	0	5	6											2	1	3	8
9	11	谷籽[子]	投支[资]谷籽[子]176 斤，单价 0.00 元				1	0	8	7											2	2	2	5

统计预测秋季产量

指　标	单　位	代　号	山嘴[咀]	梨　术	五　龙	西　院	八　坡	合　计
农作物总计								
一、粮食作物			2 027	982	595	2 568	1 408	7 580
1. 秋杂粮								
（1）玉米			1 287	520	500	1 355	920	4 582

续 表

指 标	单 位	代 号	山嘴[咀]	梨 术	五 龙	西 院	八 坡	合 计
(2) 谷子			50	25		4	10	89
(3) 小豆				30		70	60	160
(4) 荞麦								
(5) 其他杂粮								
2. 红薯			630	330		994	395	2 349
二、大豆合计			60	77	95	145	23	400
三、工业粮								
1. 棉花							5	
2. 油料						80		
1. 蓖麻						80		
2. 土烟								
四、其他作物								

食堂社员投资私付出账

户主姓名：吴家来

第　页

58年		品种	摘　要	收　入							付　出							余　额						
月	日			万	千	百	十	元	角	分	万	千	百	十	元	角	分	万	千	百	十	元	角	分
9	11	小麦	投支[资]小麦 37.8 斤，单价 0.85 元					3	1	8												3	1	8
9	11	路仁子	投支[资]路仁子 6.12 斤，单价 0.83 元						5	4												3	7	2
9	11	板豆子	投支[资]板豆子 17.8 斤，单价 0.00 元					1	4	0												5	1	2
9	11	碗[豌]豆	投支[资]碗[豌]豆 6.8 斤，单价 0.55 元						3	5												5	4	7
9	11	黄豆	投支[资]黄豆 14.4 斤，单价 0.06 元						8	5												6	3	2
9	11	小豆	投支[资]小豆 3.8 斤，单价 0.06 元						2	1												6	8	3
9	11	荞麦	投支[资]荞麦 10.8 斤，单价 0.00 元						3	7												6	9	0

指　标	单　位	代　号	山嘴[咀]	梨　术	五　龙	西　院	八　坡	合　计
夏季实际产量								
原测产量			3 900	3 055	2 940	6 990	2 135	19 020
现实产量			3 645	2 846	2 361	6 254	1 823	16 927
减产			257	209	579	736	3 142	2 093
洋芋测产量					700			
生产总人口			78	38	29	107	38	

续 表

指标	单位	代号	山嘴[咀]	梨术	五龙	西院	八坡	合计
分配布纸			39	19	14	53	19	
核桃种			40	16	28	22	34	140
石室匠代提通(原文如此——编者注)			60元	12元				
木匠每天			12元	10元				
销位每件多少			10元	12元				
正重手(原文如此——编者注)				0.8元				
今年下年留籽种[种子]			1 000	773	730	1 670	769	4 942
冬播面积亩			67	40	38	95	42	282
现有肥料								

食堂社员投资私付出账

户主姓名：邱锡疏　　　　第　页

58年		品种	摘要	收入							付出							余额						
月	日			万	千	百	十	元	角	分	万	千	百	十	元	角	分	万	千	百	十	元	角	分
9	11	小麦	投支[资]小麦309.8斤，单价0.85元				2	6	3	0											2	6	3	0
9	11	大麦	投支[资]大麦20.8斤，单价0.06元					1	0	3											2	7	7	3
9	11	洋麦	投支[资]洋麦25.8斤，单价0.06元					1	5	3											2	8	8	6
9	11	路仁子	投支[资]路仁子20.8斤，单价0.83元					1	6	4											3	0	5	0
9	11	包谷	投支[资]包谷112.8斤，单价0.06元					6	7	5											3	7	2	5
9	11	黄豆	投支[资]黄豆80.8斤，单价0.06元					4	8	3											4	2	0	8
9	11	小豆	投支[资]小豆15.4斤，单价0.06元						9	2											4	3	0	0

指标	单位	代号	山嘴[咀]	梨术	五龙	西院	八坡	合计
小麦没有收			13	6.5	13	15	3	
没有播种					3			
下步脱拉斤								
其中小麦			200	200	3 200	400	100	
杂粮			390	800	240	390	100	
现有锄草								
现有锄草			25	22	16	19	22	

食堂社员投资私付出账

户主姓名：刘望喜　　　　第　页

58年		品种	摘要	收入							付出							余额						
月	日			万	千	百	十	元	角	分	万	千	百	十	元	角	分	万	千	百	十	元	角	分
9	11	小麦	投支[资]小麦127.8斤,单价0.85元				1	0	8	3											1	0	8	3
9	11	路仁	投支[资]路仁〈籽〉2.12斤,单价0.83元						2	2											1	1	0	5
9	11	碗[豌]豆	投支[资]碗[豌]豆13斤,单价0.55元						6	6											1	1	7	1

指标	单位	代号	山嘴[咀]	梨术	五龙	西院	八坡	合计
受灾总面积			23	5	5	43	12	88
其中：二成灾								27
风灾								19
水泡灾								28
虫咬灾								14
·季计划产量			6 480	3 505	3 205	12 250	3 520	28 460
·产品计划%								63%
·产数量			2 580	500	265	5 260	1 385	9 340
·年3月汇报交公购粮			800	400	600	2 200	600	4 800

续 表

指　标	单　位	代　号	山嘴[咀]	梨　术	五　龙	西　院	八　坡	合　计
·年留籽种[种子]			1 000					
·年下步实产量			4 800			9 804	400	25 340
·年下季实产量			4 800	3 570	3 345	9 804	3 824	25 340

食堂社员投资私付出账

户主姓名：　　　　　　　　　　第　页

58年		品种	摘　要	收　入							付　出							余　额						
月	日			万	千	百	十	元	角	分	万	千	百	十	元	角	分	万	千	百	十	元	角	分
9	11					1	3	9	9	0										1	3	9	9	0
9	11	大麦	投支[资]大麦 200 斤，单价 0.05 元				1	0	0	0														
9	11	小豆	投支[资]小豆 700 斤，单价 0.06 元					4	2	0														
			小计：在别组共扣现金				1	4	2	0														
			合计			1	5	4	1	0										1	5	4	1	0

春播的进度

指　标	单　位	代　号	山嘴[咀]	梨　术	五　龙	西　院	八　坡	合　计	汇报数
全年总面积									
春播作物总计									320
一、粮食物合计									275
1. 水稻									
2. 杂粮									218
(1) 玉米									176
(2) 谷子									10
(3) 糜子									
(4) 勾果									
(5) 其他杂粮									32
3. 洋芋									57
二、大豆									25
三、工业原料合计									20
1. 棉花									2
2. 油料作物									18
1. 蓖麻子[籽]									18
2. 土烟									
四、其他合计									
1. 蔬菜									

统计生产日进度情况

一九六三年六月十五日

花岭大队 **明细账**

第 1 页
户名：农业收入

年		日记账		摘要	收入									付出									余额									
																							收或付	余额								
月	日	种类	账页		百	十	万	千	百	十	元	角	分	百	十	万	千	百	十	元	角	分		百	十	万	千	百	十	元	角	分
5	8			收人洋芋 2 000 斤，价 0.05 元					1	0	0	0	0										收					1	0	0	0	0
6	20			夏收小麦 11 200 斤，价 0.116 元				1	2	7	6	0	0										收				1	2	7	6	0	0
6	20			夏收小麦 19 000 斤，价 0.100 元				1	9	0	0	0	0										收				3	1	7	6	0	0
8	1			秋收获玉米 9 000 斤，价 0.08 元					7	2	0	0	0										收				3	8	9	6	0	0
10	2			收获小麦 1 000 斤					8	8	0	0	0										收				4	7	6	4	0	0
11	8			收回棉花 2 190 斤					1	9	5	3	0										收				4	9	6	1	3	0
11	22			收籽棉扎皮棉 1 500 斤					1	3	5	0	0										收				6	3	1	1	3	0
12	30			转入收益分配账户													6	3	1	1	3	0										

明细账

第 2 页

户名：林牧业收人

年		日记账		摘要	收入									付出									余额									
月	日	种类	账页		百	十	万	千	百	十	元	角	分	百	十	万	千	百	十	元	角	分	收或付	百	十	万	千	百	十	元	角	分
2	10	现	7	木工组王安交来资金					1	0	0	0	0															1	0	0	0	0
4	30	现	14	运输组王忠交来款					1	7	0	0	0															2	7	0	0	0
11	30			出售肥猪4头收现					2	8	0	0	0															5	5	0	0	0
11	30			将2头转种猪（繁殖）					1	4	0	0	0															6	9	0	0	0
12	30			转入收益分配账户														6	9	0	0	0										

明细账

第 3 页

户名：其他收人

年		日记账		摘要	收入									付出									余额									
月	日	种类	账页		百	十	万	千	百	十	元	角	分	百	十	万	千	百	十	元	角	分	收或付	百	十	万	千	百	十	元	角	分
5	31																						收					1	1	5	0	0
7	1																						收					1	1	0	0	0
				转入收益分配账户														2	2	5	0	0										

明细账

第 4 页

户名：农业生产收入

65年		日记账		摘要	收入									付出									余额									
																							收或付	余额								
月	日	种类	账页		百	十	万	千	百	十	元	角	分	百	十	万	千	百	十	元	角	分		百	十	万	千	百	十	元	角	分
2	14			社员张风交来化肥用入麦田															1	2	0	0	付						2	2	0	0
3	10			社员张明用入麦田化肥															2	0	0	0	付						3	2	0	0
4	15			春播棉花籽 800 斤															5	6	0	0	付						8	8	0	0
4	10			将库存化肥用棉田 300 斤															6	2	0	0	付					1	4	8	0	0
4	20			将库存油渣 1 000 斤用入麦田															4	0	0	0	付					1	8	8	0	0
5	10			交农田水串															4	0	0	0	付					2	2	8	0	0
6	61			购买扫帚															1	6	0	0	付					2	4	2	0	0
3	29			推前给牛吃磨豆 500 斤，价 0.990 元															4	5	0	0	付					2	8	4	0	0
				上年转来库存物资转入仓库下年用														2	2	0	0	0	付					5	0	8	0	0
7	3			购买锄子并用棉田															3	0	0	0	付					6	1	0	0	0
7	6			付播种机耕费														2	0	0	0	0	付					8	1	1	0	0
8	10			将俭农当都用棉田(原文如此——编者注)															8	0	0	0	付					8	1	1	0	0
12	30			转入收益分配账户					9	0	9	0	0																			

明细账

第 5 页
户名：农业生产费用

年		日记账		摘要	收入									付出									余额									
																							收或付	余额								
月	日	种类	账页		百	十	万	千	百	十	元	角	分	百	十	万	千	百	十	元	角	分		百	十	万	千	百	十	元	角	分
12	31			由农业收入转来				6	3	1	1	3	0										收									
12	31			由……转来					6	9	0	0	0																			
12	31			由其他收入转来					1	1	9	0	0																			
12	31			由农业生产转来														9	0	9	0	0										
12	31			由林款付转来														1	3	5	5	0										
12	31			由其他转来															2	5	0	0										
12	31			由管理费转来															3	9	5	0										
12	31			由国家税款转来														8	4	4	0	0										
12	31			由开始提取 5%公积金转来														3	5	6	0	0										
12	31			由开始提取 3%公积金转来														2	1	3	6	0										
12	31			由社员结算账户转来													4	6	0	7	7											
				合计					7	1	2	3	0					7	1	2	3	0										

明细账

第 6 页

户名：林牧付[副]业用

年		日记账		摘要	收入									付出									余额									
月	日	种类	账页		百	十	万	千	百	十	元	角	分	百	十	万	千	百	十	元	角	分	收或付	百	十	万	千	百	十	元	角	分
1	5	现	15	给饲养食作款油 3 斤																1	5	0	付							1	5	0
4	20			给 200 亩棉田 300 斤价 0.24 元两笔															5	0	0	0	付						6	1	5	0
4	30			给玉米运输费用															1	0	0	0	付						7	6	5	0
5	6			付耕牛药费																5	0	0	付									0
5	10			购买小猪 6 头价 8 元															4	8	0	0	付						8	4	3	0
5	12			给木工组··订53 斤																3	0	0	付						8	7	6	0
5	13			木工组兼木板 1 尺															1	5	0	0						1	0	2	5	0
6	2			活面油渣··500 斤给猪吃															2	0	0	0						1	2	2	5	0
7	10			给猪酒糟 21 000 斤价 303 元															3	0	0	0						1	4	2	5	0
7	21			付猪药费																5	0	0						1	4	5	5	0
				由林牧付[副]生产费用转入金额					1	4	5	5	0																			

明细账

第 7 页
户名：管理费用

年		日记账		摘要	收入									付出									余额									
月	日	种类	账页		百	十	万	千	百	十	元	角	分	百	十	万	千	百	十	元	角	分	收或付	余额 百	十	万	千	百	十	元	角	分
1	1	现		购买账簿 7 本分次																4	9	0	付							4	9	0
1	3	现		购买驴和驴的(张民经手)																1	1	0	付							6	6	0
1	5	现		购买物种 3 斤																6	5	0	付							7	5	0
8	12	现		买油··和油·																3	0	0	付						1	0	5	0
11	8	现		购买图书 6 本																5	0	0	付						1	5	5	0
12	6			付给春款															2	4	0	0	付						3	9	5	0
12	30			由管理费账户转来						3	9	5	0																			

明细账

第 8 页
户名：其他费用

年		日记账		摘要	收入									付出									余额									
																							收或付	余额								
月	日	种类	账页		百	十	万	千	百	十	元	角	分	百	十	万	千	百	十	元	角	分		百	十	万	千	百	十	元	角	分
1	4	现	14	加银行贷款利息																5	0	0	付							5	0	0
				由其他收入转入收益分配							5	0	0																			

明细账

第 9 页
户名：公积金

65 年		日记账		摘要	收入									付出									余额									
																							收或付	余额								
月	日	种类	账页		百	十	万	千	百	十	元	角	分	百	十	万	千	百	十	元	角	分		百	十	万	千	百	十	元	角	分
				上年转来					3	0	0	0	0										收					3	0	0	0	0
2	5			出售牛皮和牛肉						9	0	0	0										收					3	9	0	0	0
3	29			购买四色马 1 匹													2	0	4	0	0	0	付					6	5	0	0	0
6	10			水车大修理															3	0	0	0	付					6	8	3	0	0
8	30			给培育树苗															9	2	0	0	付					7	7	2	0	0
8	30			给繁殖 2 头猪生母猪														1	4	0	0	0	付					9	1	2	0	0
				由公积金账中转金额					9	1	2	0	0																			

明细账

第 10 页
户名：公益金

年		日记账		摘要	收入									付出									余额									
																							收或付	余额								
月	日	种类	账页		百	十	万	千	百	十	元	角	分	百	十	万	千	百	十	元	角	分		百	十	万	千	百	十	元	角	分
				上年转来						6	0	0	0							4	0	0	收						6	0	0	0
1	2			社员刘云因公伤亡																5	0	0							5	5	0	0
5	20			付给五保户衣服 4 件																												
11	8			买工艺书 3 本																3	0	0							4	0	0	0
				由公益金账户转来金额						4	0	0	0																			

明细账

第 11 页

户名：生产费基金

年		日记账		摘要	收入									付出									余额									
月	日	种类	账页		百	十	万	千	百	十	元	角	分	百	十	万	千	百	十	元	角	分	收或付	百	十	万	千	百	十	元	角	分
				上年转来					5	2	0	0	0															5	2	0	0	0
				由生产基金账户转来金额														5	2	0	0	0										
				下年生产费用					2	2	0	0	0															2	2	0	0	0
				上年转来的小麦播种底肥														2	2	0	0	0						2	2	0	0	0
10	13			将付播种小麦耕田														1	0	0	0	0						1	2	0	0	0
10	24			购买猪肥用播种														1	4	0	0	0						1	4	0	0	0
12	25			将库存小麦 6 000 斤用于播种														1	6	0	0	0						3	0	0	0	0
12	30			由生产基金账户转来金额					3	0	0	0	0																			

明细账

第 12 页
户名：暂收款

年		日记账		摘要	收入									付出									余额									
月	日	种类	账页		百	十	万	千	百	十	元	角	分	百	十	万	千	百	十	元	角	分	收或付	百	十	万	千	百	十	元	角	分
2	14			社员张明交来化肥 60 斤						1	2	0	0										收						1	2	0	0
3	28			由暂收款转来金额															1	2	0	0										

明细账

第 13 页
户名：贷款

年		日记账		摘要	收入									付出									余额									
月	日	种类	账页		百	十	万	千	百	十	元	角	分	百	十	万	千	百	十	元	角	分	收或付	百	十	万	千	百	十	元	角	分
				上年转来					2	0	0	0	0															2	0	0	0	0
1	4	现	3	加银行贷款														2	0	0	0	0										
2	12	现	9	从银行贷款				1	0	0	0	0	0														1	0	0	0	0	0
12	30			由贷款账户转来													1	0	0	0	0	0										
6	20			以小麦交给公粮 4 000 斤					4	6	4	0	0										收					4	6	4	0	0
2	20			交工商税款															6	0	0	0	付					5	2	4	0	0
10	16			交公粮 4 000 斤														3	2	0	0	0	付					8	4	4	0	0
12	30			由贷款账户转来					8	4	4	0	0																			

明细账

第 14 页
户名：暂付款

年		日记账		摘要	收入									付出									收或付	余额								
月	日	种类	账页		百	十	万	千	百	十	元	角	分	百	十	万	千	百	十	元	角	分		百	十	万	千	百	十	元	角	分
				上年转来															4	0	0	0	收						4	0	0	0
2	13		10	刘文暂欠款给队卖牛													1	1	4	0	0	0	付				1	1	4	0	0	0
2	5		6	社员欠牛肉款															5	0	0	0	付				1	1	9	0	0	0
3	28		13	社员张明调回现金						6	0	0	0										收				1	2	5	0	0	0
7	3			购卖［买］农药用树苗															2	0	0	0	付				1	2	7	0	0	0
8	30			收暂付款						9	2	0	0															3	2	0	0	0
12	8			冲出															2	0	0	0						5	0	0	0	0
12	8			付建修铁钉子															6	0	0	0					1	1	0	0	0	0
12				暂付款饲养															4	0	0	0						1	9	0	0	0
12	30			由暂付款账金额					1	5	0	0	0																			

明细账

第 15 页
户名：收益分配

年		日记账		摘要	收入									付出									余额									
月	日	种类	账页		百	十	万	千	百	十	元	角	分	百	十	万	千	百	十	元	角	分	收或付	余额								
																								百	十	万	千	百	十	元	角	分
																							收									

明细账

第 16 页
户名：社员结算

64 年		日记账		摘要	收入									付出									余额									
月	日	种类	账页		百	十	万	千	百	十	元	角	分	百	十	万	千	百	十	元	角	分	收或付	余额								
																								百	十	万	千	百	十	元	角	分
6	22			分配给社员分小麦 17 300斤													1	7	3	0	0	0	付				1	7	3	0	0	0
10	2			做收获小麦分配														8	0	0	0	0					2	5	3	0	0	0
11	22			做 100 斤棉花分配															9	0	0	0					2	6	2	0	0	0
				由社员结算账户转来金额													2	6	2	0	0	0										

现金日记账

第6页

年		凭证号数	总账账户	明细账户	摘要	过入明细账页	收方								付方								余额								转账															
																															收方金额								付方金额							
月	日						十	万	千	百	十	元	角	分	十	万	千	百	十	元	角	分	十	万	千	百	十	元	角	分	十	万	千	百	十	元	角	分	十	万	千	百	十	元	角	分
					实计																																									
12	6		管理费	办公费	付														4	0	0	0																								
12	8		暂付款		付建材款														4	0	0	0			2	5	2	8	0	0																
12	8		暂付款		付修建款																				2	4	8	8	0	0																
					月计				1	9	8	6	7	0				5	0	1	3	0																								
					累计				4	7	2	2	0	0			2	1	6	0	0	0			2	4	8	8	0	0																
12	31				由农业收入转来																												6	3	1	1	3	0								
12	31				得余额转入收益分配																																				6	3	1	1	3	0
12	31				由																																									

现金日记账

第5页

年		凭证号数	总账账户	明细账户	摘要	过入明细账页	收方								付方								余额								转账															
																															收方金额								付方金额							
月	日						十	万	千	百	十	元	角	分	十	万	千	百	十	元	角	分	十	万	千	百	十	元	角	分	十	万	千	百	十	元	角	分	十	万	千	百	十	元	角	分
8	30		公积金		将育苗果树																																						9	2	0	0
					月计													1	0	3	0	0																								
					累计				2	6	9	2	0	0			2	0	1	2	0	0				6	8	0	0	0																
10	13		下年生产中		对播种小麦，机耕费													1	0	0	0	0				5	8	0	0	0																
10	24		下年生产中		买猪肥50车														4	0	0	0				5	4	0	0	0																
10	1				出售购粮5 000斤					4	0	0	0	0												9	4	0	0	0																
					月　计					4	0	0	0	0				1	4	0	0	0																								
					累计				3	0	9	2	0	0			2	1	5	2	0	0																								
11	8		管理费		购图买书本6本															5	0	0				9	3	5	0	0																
11	8		公益金		购买文艺本3本															3	0	0				9	3	2	0	0																
11	20		农业收入		出售棉子[籽]2 000斤价0.07元					1	4	0	0	0																																
11	22		农业收入	棉花	出售棉花1 400斤					1	2	6	0	0																																
11	30		林牧副收		出售毛猪4头价70元					2	8	0	0	0																																
11	30		公积金																																											
11	30																																													
					月计																																									

现金日记账

第 1 页

月	日	凭证号数	总账账户	明细账户	摘要	过入明细账页	收方								付方								余额								转账 收方金额								转账 付方金额							
							十	万	千	百	十	元	角	分	十	万	千	百	十	元	角	分	十	万	千	百	十	元	角	分	十	万	千	百	十	元	角	分	十	万	千	百	十	元	角	分

现金日记账

第 4 页

月	日	凭证号数	总账账户	明细账户	摘要	过入明细账页	收方								付方								余额								转账 收方金额								转账 付方金额							
							十	万	千	百	十	元	角	分	十	万	千	百	十	元	角	分	十	万	千	百	十	元	角	分	十	万	千	百	十	元	角	分	十	万	千	百	十	元	角	分
					接前页																				1	1	6	3	0	0																
3	29				借记冲账						4	5	0	0											1	1	1	8	0	0																
					月计					8	1	2	0	0					5	6	0	0																								
					累计				2	7	2	7	0	0			1	5	6	4	0	0																								
7	1	30	其他收入		从 6 月份结存款利息						1	0	0	0											1	1	2	8	0	0																
7	3	3	农业生产		购买农药 3 瓶价 10 元														3	0	0	0			1	0	9	8	0	0																
7	3		暂付款		购卖[买]农药 2 瓶价 10 元														2	0	0	0			1	0	7	8	0	0																

续表

年		凭证号数	总账账户	明细账户	摘要	过入明细账页	收方								付方								余额								转账															
																															收方金额								付方金额							
月	日						十	万	千	百	十	元	角	分	十	万	千	百	十	元	角	分	十	万	千	百	十	元	角	分	十	万	千	百	十	元	角	分	十	万	千	百	十	元	角	分
7	6		农业生产		付播种机耕费													2	0	0	0	0			1	2	7	8	0	0																
7	10		林牧付[副]费用		给猪卖[买]酒糟1 000														3	0	0	0																								
7	20		国家税		交公[工]商税款														6	0	0	0																								
7	21		林牧付[副]费		付猪药费															5	0	0																								
					月计													3	4	5	0	0																								
					累计													3	4	5	0	0				7	8	3	0	0																
8	10		农业生产费		买王安500斤价0.23元													1	0	0	0	0				6	8	3	0	0																
8	12		管理费		买‥‥															3	0	0				6	8	0	0	0																
8	30		暂付款		将‥‥																														9	2	0	0								

现金日记账

第 3 页

年		凭证号数	总账账户	明细账户	摘要	过入明细账页	收方								付方								余额								转账															
																															收方金额								付方金额							
月	日						十	万	千	百	十	元	角	分	十	万	千	百	十	元	角	分	十	万	千	百	十	元	角	分	十	万	千	百	十	元	角	分	十	万	千	百	十	元	角	分
5	6	15	林牧付[副]费用		付耕牛药费															5	0	0				4	2	5	0	0																
5	8	16	农业收入		出售社员洋芋2 000斤					1	0	0	0	0												5	2	5	0	0																
5	10	17	农业费用		交农田水渎														4	0	0	0				4	8	5	0	0																
5	10	17	林牧付[副]费用		购小猪4头价8元														4	8	0	0				4	3	7	0	0																
5	12	18	林牧付[副]费用		木工组卖铁钉子3斤价1元															3	0	0				4	3	4	0	0																
5	13	19	林牧付[副]费用		木工组卖木板1尺														1	5	0	0				4	1	9	0	0																
5	20	20	公益金		付五保户衣服4件														1	2	0	0				4	0	7	0	0																
5	8	21	农支出		借记冲账													1	0	0	0	0				3	0	7	0	0																
5	31	22	其他收入	麦草	出售麦草2 000斤					1	0	0	0	0												4	0	7	0	0																
					月计					1	0	0	0	0				1	2	3	0	0																								
					累计												1	5	0	8	0	0				4	0	7	0	0																

续 表

年		凭证号数	总账账户	明细账户	摘要	过入明细账页	收方								付方								余额								转账															
月	日																														收方金额								付方金额							
							十	万	千	百	十	元	角	分	十	万	千	百	十	元	角	分	十	万	千	百	十	元	角	分	十	万	千	百	十	元	角	分	十	万	千	百	十	元	角	分
6	1	23	农业生产费用		购买帚														4	6	0	0				3	9	1	0	0																
6	10	24	公积金		水车水大修理														7	0	0	0				3	6	1	0	0																
6	20	25	库存物资	粮种	购换玉米差价														1	0	0	0				3	5	1	0	0																
4	20	26			出售库存小麦 7 000 斤					8	1	2	0	0											1	1	6	3	0	0																
		27			过次页[转下页]																																									

现金日记账

第 2 页

年		凭证号数	总账账户	明细账户	摘要	过入明细账页	收方								付方								余额								转账															
月	日																														收方金额								付方金额							
							十	万	千	百	十	元	角	分	十	万	千	百	十	元	角	分	十	万	千	百	十	元	角	分	十	万	千	百	十	元	角	分	十	万	千	百	十	元	角	分
					接前页																					1	6	5	0	0																
2	14	12	暂收款		社员张明交来化肥 60 斤																																									
2	14	12	农业生产费		社员张明交来化肥用入麦田																														1	2	0	0								

续 表

年		凭证号数	总账账户	明细账户	摘要	过入明细账页	收方								付方								余额								转账															
																															收方金额								付方金额							
月	日						十	万	千	百	十	元	角	分	十	万	千	百	十	元	角	分	十	万	千	百	十	元	角	分	十	万	千	百	十	元	角	分	十	万	千	百	十	元	角	分
					月计				1	1	4	0	0	0			1	1	5	6	0	0																					1	2	0	0
					累计				1	5	0	0	0	0			1	3	7	5	0	0				1	6	5	0	0																
3	28	13	将暂付款		张明卖四色马一匹(转账)																												1	0	4	0	0	0								
3	28	13	公积金		收公积金																																				1	0	4	0	0	0
3	28	13	暂付款		社员张明交回现金						6	0	0	0												2	2	5	0	0																
3	29				出售社员碗[豌]豆(给牛吃)						4	5	0	0												2	7	0	0	0																
					月计					1	0	5	0	0																																
					累计				1	6	4	5	0	0			1	3	7	5	0	0																								
4	30	14	林牧付[副]收入		王忠运输组交来款					1	7	0	0	0												4	4	0	0	0																
4	30	14	林牧付[副]费用		运输费用														1	0	0	0				4	3	0	0	0																
					月计					1	7	0	0	0					1	0	0	0																								
					累计				1	8	1	5	0	0			1	3	8	8	0	0				4	3	0	0	0																
					转下页																																									

物资日记账

第 1 页
品名：硫铵　单位：

年		凭证		总账账户	明细账户	摘要	明细帐[账]页	单价	收方								付方								结存							
月	日	种类	号数						数量	万	千	百	十	元	角	分	数量	万	千	百	十	元	角	分	数量	万	千	百	十	元	角	分
						上年转来		0.020	400				8	0	0	0									400				8	8	0	0
3	10		1	农业生产费用		将库存化肥用麦田											300				2	0	0	0	100				6	0	0	0
4	16			农业生产费用		将存硫铵用棉田											300				6	0	0	0						2	0	0

物资日记账

第 2 页
品名：油渣　单位：

年		凭证		总账账户	明细账户	摘要	明细帐[账]页	单价	收方								付方								结存							
月	日	种类	号数						数量	万	千	百	十	元	角	分	数量	万	千	百	十	元	角	分	数量	万	千	百	十	元	角	分
				林牧付[副]费用	林牧付[副]费用	上年转来		0.040	4 000				8	0	0	0									2 000				8	0	0	0
4	20			林牧付[副]费用	林牧付[副]费用	给牛吃 200 斤〈牛吃〉											200				2	0	0	0	1 800				6	0	0	0
4	20			林牧付[副]费用	林牧付[副]费用	用全棉田											100				1	0	0	0	1 500				3	0	0	0
6	23																80				2	0	0	0								

物资日记账

第 3 页

品名：玉米　单位：

年		凭证		总账账户	明细账户	摘要	明细账页	单价	收方								付方								结存							
月	日	种类	号数						数量	万	千	百	十	元	角	分	数量	万	千	百	十	元	角	分	数量	万	千	百	十	元	角	分
						上年转来		0.08	1 000				8	0	0	0									1 000				8	0	0	0
6	12	物				将库存玉米换谷种											1 000				8	0	0	0								
6	12	物				换回金皇后玉米种			1 000				9	0	0	0									1 000				9	0	0	0
7	5	物		农业费用																												

物资日记账

第 4 页

品名：碗[豌]豆、黄豆　单位：

年		凭证		总账账户	明细账户	摘要	明细账页	单价	收方								付方								结存							
月	日	种类	号数						数量	万	千	百	十	元	角	分	数量	万	千	百	十	元	角	分	数量	万	千	百	十	元	角	分
						上年转来		0.09	2 000			1	8	0	0	0												1	8	0	0	0
3	29					出售社员黄豆															4	5	0	0								

物资日记账

第 4 页
品名：棉花籽　单位：

65年		凭证		总账账户	明细账户	摘要	明细账页	单价	收方								付方								结存							
									数量	金额							数量	金额							数量	金额						
月	日	种类	号数							万	千	百	十	元	角	分		万	千	百	十	元	角	分		万	千	百	十	元	角	分
2	11	物	8			购买棉花子[籽]800斤		0.07	800				5	6	0	0									800				5	6	0	0
4	15	物		农业生产费用	棉花籽	播种棉花子[籽]											800				5	6	0	0								

花坪公社　　邱堂善

五,答:(120+40 元)+(200×0.2)=120 元+40 元+16 元+120 元×0.2=120 元+40 元+16 元+24 元=200 元。

答(:)应修这坐[座]水库共值 200 元整。

第二次测验题花坪公社　　邱堂善

一、答:收入包括:大队下放,本年提出的,固定财产,变价的,固定财产可钱值(原文如此——编者注)。支出包括:1. 用入[于]基本建设;2. 支付社员超过规定基本建设用工,工资外请匠人的工资;3. 增加生产费底垫;4. 固定财产购卖[买]修理;5. 任务粮其合磨推。

二、答:生产队的有现金日记购物资日记账簿、社员劳动工作簿、现金出纳簿、生产队的账户:1. 农业收入;2. 林牧付[副]鱼[渔]收入;3. 其他收入;4. 农业生产费用;5. 林牧付[副]鱼[渔]费用;6. 管理费;7. 其他费用;8. 国家税款;9. 社员结算;10. 收益分配;11. 公积金;12. 公益金;13. 生产费基金;14. 储备粮基金;15. 暂收款项;16. 暂付款项;17. 社员贷款;18. 下年生产费;19. 贫队投支[资]款。

三、答:3. 以下几个计入,粮食物资日记的支出凭证;

4. 收林牧付[副]收入,扣原本 80 元,计入公积金收入;

5. 计入公益金支出,照顾五保,(计现金日记账)。

四、答:固定财产的两标尺,1. 较大的 3 元以上。2. 使用年限较长,一年以上叫做固定财产。

(二)年终决算后的转下年新账图表

开账　　新账　　物资　账页

收 公积金	付	收 公积金	付	收 农具	付	收 农具	付
219.30	420		200.7	9		9	
	200.7						

收 公益金	付	收 公益金	付	收 化肥	付	收 化肥	付
151.58		151.58		20		20	

收 生产费基金	付	收 生产费基金	付	收 玉米	付	收 玉米	付
364		364		140		140	

收 储备款基金 付

收	付
250	

收 储备款基金 付

收	付
250	

收 储备粮 付

收	付
220	

收 储备粮 付

收	付
220	

收 国家投资 付

收	付
50	

收 国家投资 付

收	付
50	

收 下年生产费 付

收	付
	150

收 农业费用 付

收	付
	150

收 现金日记账付 付

收	付
45.88	

收 下年生产费 付

收	付

收 现金日记账付 付

收	付
45.88	

第十章 实习题

这是第六章实习是各个账户的余额，请按此数字进行一次决算分配，和年终转账。

(一) 收益分配新转账图表

收 现金日记账 付

收	付
683.1	
2	
673.1	
2	

收 生产费基金 付

收	付
364	

收 其他费用 付

收	付
	0.6

收 农业收入 付

收	付
4 158	

收 储备粮基金 付

收	付
226	
228	

收 下年生产费 付

收	付
	150
	162.50

收 林牧付[副]收入 付

收	付
172	
162	

收 国家税款 付

收	付
50	200

收 国家投资款付 付

收	付
200	

收　其他收入　付

收	付
75	
85	

收　农业费用　付

收	付
	344.7
	322.4

收　社员分配　付

收	付
	2 835.38
	286

收　公积金　付

收	付
	420
	（红薯）

收　林牧付[副]费用　付

收	付
	3

收　公益金　付

收	付
20	
44	

收　管理费用　付

收	付
	14

库存物资有：
1. 铁铣[铁锨]9 把 9 元
2. 化肥 100 斤 20 元
3. 小麦 100 斤 10 元
4. 玉米 200 斤 138 元
其中：饲料 600 斤
5. 储备粮 2 800 斤 228 元
按此表作分配方案。

粮食计算到户表

户主姓名	标准人口	标准口粮	应分基本口粮	劳动日	日值	应分奖励粮数	合计	应扣未完成基本工口粮	扣后应分	每人平均	每月平均	已分数	应找数	备注
王红	30	4 707	2 560	1 166	5 873									
赵德	36	5 648	2 950	1 344	6 992									
李建	24	3 766	2 450	1 116	4 882									
张三	51	8 002	3 600	1 640	9 642									
马超	9	1 412	3 140	519	1 931									
杨九	30	4 707	2 800	1 275	5 982									
合计	180	28 242	15 500	7 060	35 302									

现金计算到户表

户主姓名	参加分配劳动日	每个日值	应分金额	已分数				找补数				应扣原欠或借款	扣后应实找	备注
				现金	粮折合款	其他实物折款	合计	现金	粮食折合款	其他实物折款	合计			
	2 560	22 846	584.86		476.48		476.47	108.28						
赵德	2 950		673.96		367.34		367.34	106.26						
李建	2 450		559.73		396.11		396.11	163.62						
张三	3 300		753.92		782.08		782.08							缺 28.70
马超	1 140		260.44		156.66		156.66	103.78						
杨九	2 800		639.69		485.32		285.32	154.37						
合计	15 200		3 472.60		2 864		2 864	636.77						

劳动工分清理表

姓名	户数	标准人口	原订人、肥基本工	调正[整]应加减数		调正[整]后应订人、肥基本工数	补助工	优待工	照顾工	实做工	合计	完成	基本建设、义务工(扣除数)	实参加分红工	劳动日值	实参加分粮工	应分金额(元)	已分数	找补数
				增加	减少														
王红	10	180	2 700		100	7 600	50			2 710	2 760 2 710		200	2 560	22 846	2 560	584.86		
赵德	12	36	2 900	50		2 950				3 190	3 190 3 190		240	2 950		2 950	673.96		
李建	8	24	2 200	50		2 250		200		2 410	2 610 2 410		160	2 450		2 450	559.73		
张三	17	51	3 700		200	3 500			300	3 640	2 940 3 640		340	3 300		3 600	753.92		
马超	3	9	800	100		900	150			1 050	1 200 1 050		60	1 140		1 180	760.46		
杨九	10	30	2 800	100		2 900				3 000	3 000		200	2 800		2 800	739.69		
合计	60	180	15 100	300	300	15 100	200		200	1 600 300	1 600		1 200	15 200		15 500	3 472.60		

1. 最后找补现金 620.73 元。2. 粮食分配,劳动奖励粮 7%,基本口粮 8%,扣下未完成基本工口粮加入基本口粮一次分后不再扣削。

实习日记账

邱堂善

64年12月26日

现金日记账

第　页

64年		凭证号数	总账账户	明细账户	摘要	过入明细账页	收方								付方								余额								转账															
																															收方金额								付方金额							
月	日						十	万	千	百	十	元	角	分	十	万	千	百	十	元	角	分	十	万	千	百	十	元	角	分	十	万	千	百	十	元	角	分	十	万	千	百	十	元	角	分
2	6		公积金	买牛	购买耕牛1头													2	0	0	0	0				2	0	0	0	0																
3	18		公积金		购买耕牛1头 出售毛皮和肉						3	0	0	0												2	3	0	0	0																
3	23		贷款	银行	从队贷款					2	1	0	0	0												4	4	0	0	0																
3	23		公积金		购买耕牛1头 卖皮和施盖费													2	0	0	0					2	4	0	0	0																
3	31		农业费用	农业费用	购采铧3页														1	5	0																									
					月计																																									
					累计																																									
5	2		农业费用	农业费用	购买扫帚和 木铣[锨]														7	0	0																									
5	5		库存物资	农药	买化肥200斤 农药50斤													4	5	0	0					1	8	6	5	0																
5	25		农业用	大麦	出售购粮 250斤					2	5	0	0	0												4	3	6	5	0																
6	30		农业生产费		换种子差价													1	0	5	0					4	2	0	0	0																
6	30		农业生产	农业费	买红薯苗														6	0	0																									

现金日记账

第 页

64年		凭证号数	总账账户	明细账户	摘要	过入明细账页	收方								付方								余额								转账															
月	日																														收方金额								付方金额							
							十	万	千	百	十	元	角	分	十	万	千	百	十	元	角	分	十	万	千	百	十	元	角	分	十	万	千	百	十	元	角	分	十	万	千	百	十	元	角	分
					上年转来					2	5	0	0	0												2	5	0	0	0																
3	2	1	管理费	办公费	购买7本办公纸费	6														5	0	0				2	4	5	0	0																
3	2	3	林牧费用	林牧费用	给牛称正[整]10斤买药1付[副]	5														3	0	0				2	4	2	0	0																
3	10	3			出售萝卜						3	0	0													2	7	7	0	0																
3	10	4	其他收入	萝卜	出售次行价	7					6	0	0													2	7	8	0	0																
3	11	5	林牧费用	付费用	购买木柴100斤打油	5														3	0	0				2	7	5	0	0																
3	13	6	暂付款	油房	取出大麻腾100斤50斤					2	0	0	0													2	9	5	0	0																
3	13	7	林牧收入	副业收入	出售油收现						4	0	0													2	9	9	0	0																
3	13	8	林牧收入	副业收入	以油收入借给五保户						6	0	0													3	0	5	0	0						6	0	0						6	0	0
3	13	9	公益金		给五保户油10斤																																									
3	20	10	林牧收入	农业收入	出售国家生猪1头100元					7	0	0	0													3	6	9	0	0																

续表

64年		凭证号数	总账账户	明细账户	摘要	过入明细账页	收方								付方								余额								转账															
																															收方金额								付方金额							
月	日						十	万	千	百	十	元	角	分	十	万	千	百	十	元	角	分	十	万	千	百	十	元	角	分	十	万	千	百	十	元	角	分	十	万	千	百	十	元	角	分
3	25	11	售付款	张三	因病借款														1	0	0	0				3	0	9	0	0																
3	30	12	农业收入	麦草	出售斤麦草						9	0	0													3	6	8	0	0																
3	31	13	林牧收入	副业收入	李四喜木工组交钱记工					3	2	0	0													6	0	0	0	0																
					月计				1	7	1	0	0						2	1	0	0																								
					累计				4	2	1	0	0						2	1	0	0														6	0	0						6	0	0

现金日记账

第　页

64年		凭证号数	总账账户	明细账户	摘要	过入明细账页	收方								付方								余额								转账															
																															收方金额								付方金额							
月	日						十	万	千	百	十	元	角	分	十	万	千	百	十	元	角	分	十	万	千	百	十	元	角	分	十	万	千	百	十	元	角	分	十	万	千	百	十	元	角	分
					接前页						4	5	8	8													4	5	8	8																
12	30			农业收入	转收益分配																																				4	4	5	8	8	0
12	30			收益分配	由农业收入转来																												4	1	5	8	0	0								
12	30			林牧副收入	转收益分配																																					1	7	2	0	0

续表

64年		凭证号数	总账账户	明细账户	摘要	过入明细账页	收方								付方								余额								转账															
月	日																														收方金额								付方金额							
							十	万	千	百	十	元	角	分	十	万	千	百	十	元	角	分	十	万	千	百	十	元	角	分	十	万	千	百	十	元	角	分	十	万	千	百	十	元	角	分
12	30			收益分配	由林牧收入																													1	7	2	0	0								
12	30			其他收入	转收益分配																																						5	6	0	0
12	30			收益分配	转收益分配																														5	6	0	0								
12	30			生产费用	由农业生产费用																													3	4	4	9	0								
12	30			收益分配	由农业费转来																																					3	4	4	9	0
12	30			林副费用	由费用转来																															3	0	0								
12	30			收益分配	转入																																							3	0	0
12	30			其他费用	收其他转来																																6	0								
12	30			收益分配	转来																																								6	0
12	30			管理费	转入																														1	4	0	0								
12	30			收益分配	数油(原文如此——编者注)																																						1	4	0	0
12	30																																													

现金日记账

第 页

64年		凭证号数	总账账户	明细账户	摘要	过入明细账页	收方								付方								余额								转账															
																															收方金额								付方金额							
月	日						十	万	千	百	十	元	角	分	十	万	千	百	十	元	角	分	十	万	千	百	十	元	角	分	十	万	千	百	十	元	角	分	十	万	千	百	十	元	角	分
12	30			收益分配	由转入收益分配																													2	1	9	3	0								
12	30			公益金	由收益分配转来																																					2	1	9	3	0
12	30			收益分配	由收益分配																													1	3	1	6	0								
12	30			公益金	公益金转																																					1	3	1	6	0
12	30			国家税																														2	0	0	0	0								
12	30			收益分配	收益分配																																					2	0	0	0	0
12	30			收益分配	收益分配转来																												3	4	7	2	6	0								
12	30			社员分配	由社员分配																																				3	4	7	2	6	0
					上页转下年						4	5	8	8													4	5	8	8																

物资日记账

第 页

品名：芘[蓖]麻籽　单位：

64年		凭证		总账账户	明细账户	摘要	明细账页	单价	收方								付方								结存							
									数量	金额							数量	金额							数量	金额						
月	日	种类	号数							万	千	百	十	元	角	分		万	千	百	十	元	角	分		万	千	百	十	元	角	分
						上年转来			100				2	0	0	0													2	0	0	0
				暂付款	油房	领去打油											100				2	0	0	0								

物资日记账

第　页

品名：化肥　单位：库存物资

64年		凭证		总账账户	明细账户	摘要	明细账页	单价	收方								付方								结存							
月	日	种类	号数						数量	金额							数量	金额							数量	金额						
										万	千	百	十	元	角	分		万	千	百	十	元	角	分		万	千	百	十	元	角	分
						上年转来			100				1	0	0	0													1	0	0	0
2	4		14	农业生产费用	农业费	给麦田追肥											100				1	0	0	0								
6	5					购买化肥			200				4	0	0	0													4	0	0	0

物资日记账

第　页

品名：萝卜　单位：库存物资

64年		凭证		总账账户	明细账户	摘要	明细账页	单价	收方								付方								结存							
月	日	种类	号数						数量	金额							数量	金额							数量	金额						
										万	千	百	十	元	角	分		万	千	百	十	元	角	分		万	千	百	十	元	角	分
1	1					上年转来			1 200				3	0	0	0													3	0	0	0
1	10					出售上年萝卜											1 200				3	0	0	0								

物资日记账

第　页

品名：库存粮食　单位：库存物资

64年		凭证		总账账户	明细账户	摘要	明细账页	单价	收方								付方								结存							
									数量	金额							数量	金额							数量	金额						
月	日	种类	号数							万	千	百	十	元	角	分		万	千	百	十	元	角	分		万	千	百	十	元	角	分
						上年转来玉米			1 800			1	0	8	0	0												1	0	8	0	0
						上年转来饲料			200				1	2	0	0												1	2	0	0	0
3	29			农业生产费	饲料	给牛吃饲料50斤价0.06元											50					3	0	0				1	1	7	0	0
3	30			农业生产费	种籽[子]	李红领玉米500斤用棉											500				3	0	0	0					8	7	0	0
6	30			农业生产费	换种子	奖玉米到农场											1 300				7	8	0	0	150					9	0	0
6	30			农业生产费		奖玉米领取作饲料											149					8	4	0	140						6	0
6	30			其他费用													10														6	0

物资日记账

第 页

品名：农药 单位：

64年		凭证		总账账户	明细账户	摘要	明细账页	单价	收方								付方								结存							
月	日	种类	号数						数量	金额							数量	金额							数量	金额						
										万	千	百	十	元	角	分		万	千	百	十	元	角	分		万	千	百	十	元	角	分
6	5					购买农药			50					5	0	0														5	0	0

物资日记账

第 页

品名：小麦 单位：

64年		凭证		总账账户	明细账户	摘要	明细账页	单价	收方								付方								结存							
月	日	种类	号数						数量	金额							数量	金额							数量	金额						
										万	千	百	十	元	角	分		万	千	百	十	元	角	分		万	千	百	十	元	角	分
6	25			农业收入	小麦	收获小麦 2 000 斤			2 000		2	0	0	0	0	0									2 000		2	0	0	0	0	0
6	25			国家税款	农业税	交公粮											2 000			2	0	0	0	0	1 800		1	8	0	0	0	0
6	25					出售购粮											2 500			2	5	0	0	0			1	5	5	0	0	0
6	25			社员结算	是青草	分配给社员											13 000		1	3	0	0	0	0								
6	25			公益金	小麦	供给五保户											100				1	0	0	0								
6	25			储备粮		队留储备粮											900				9	0	0	0								

明细账

第 3 页

户名：其他收入

年		日记账		摘要	收入									付出									余额									
月	日	种类	账页		百	十	万	千	百	十	元	角	分	百	十	万	千	百	十	元	角	分	收或付	百	十	万	千	百	十	元	角	分
1	10			出售萝卜斤价							6	0	0																	6	0	0

明细账

第 1 页

户名：农业收入

65年		日记账		摘要	收入									付出									余额									
月	日	种类	账页		百	十	万	千	百	十	元	角	分	百	十	万	千	百	十	元	角	分	收或付	百	十	万	千	百	十	元	角	分
				出售三千会麦草							9	0	0																	9	0	0
5	15			收入农业收入储备小麦				2	0	0	0	0	0														2	0	0	0	0	0
				2. 林牧付[副]收入																												
				付出售生猪 1 头						7	0	0	0																7	0	0	0
				出售油							4	0	0																7	4	0	0
				出售大麻籽油							6	0	0																8	0	0	0
				李四喜交来木工组工资						3	2	0	0															1	1	2	0	0

明细账

第 5 页

户名：林牧付[副]费用

年		日记账		摘要	收入									付出									余额									
月	日	种类	账页		百	十	万	千	百	十	元	角	分	百	十	万	千	百	十	元	角	分	收或付	百	十	万	千	百	十	元	角	分
1	2			给牛称买药付 3 元黑豆 100 付 3 元																6	0	0	付							6	0	0
				6. 管理费用																												
1	2			购买账本 7 本和红墨水																5	0	0								5	0	0
				7. 其他费用																												
1	10			出售萝卜特价							6	0	0										收							6	0	0
6	30			玉米盘点经报销																	6	0	付							5	4	0

明细账

第 4 页

户名：农业生产费基金

年		日记账		摘要	收入									付出									余额									
月	日	种类	账页		百	十	万	千	百	十	元	角	分	百	十	万	千	百	十	元	角	分	收或付	百	十	万	千	百	十	元	角	分
				上年转来														1	5	0	0	0						1	5	0	0	0

续 表

年		日记账		摘要	收入									付出									余额									
月	日	种类	账页		百	十	万	千	百	十	元	角	分	百	十	万	千	百	十	元	角	分	收或付	百	十	万	千	百	十	元	角	分
2	4			以库存化肥,用麦田															1	0	0	0						1	6	0	0	0
3	24			给牛吃取[食]物 50 斤																3	0	0						1	4	3	0	0
3	30			取种子 500 斤															3	0	0	0						1	9	3	0	0
4	30			播种籽[子]差价															1	0	5	0						2	0	3	5	0
4	30			领去给牛作饲料																8	6	0										

明细账

第 10 页

户名:生产费基金

年		日记账		摘要	收入									付出									余额									
月	日	种类	账页		百	十	万	千	百	十	元	角	分	百	十	万	千	百	十	元	角	分	收或付	百	十	万	千	百	十	元	角	分
				上年转来					3	0	0	0	0															3	0	0	0	0
				11. 储备粮基金																												
6	25			奖励收小麦,作储(备)粮						9	0	0	0										收						9	0	0	0
				12. 暂付款																												
1	13			增量取大麻籽						2	0	0	0																2	0	0	0
1	25			张三因病借款															1	0	0	0							1	0	0	0

明细账

第 8 页
户名：公积金

年		日记账		摘要	收入									付出									余额									
月	日	种类	账页		百	十	万	千	百	十	元	角	分	百	十	万	千	百	十	元	角	分	收或付	余额 百	十	万	千	百	十	元	角	分
				上年转来					2	0	0	0	0															2	0	0	0	0
2	6																	2	0	0	0	0	付									
3	23																	2	0	0	0	0	付					2	0	0	0	0
4	25																		9	0	0	0	付									
				9.公益金																												
				上年转来						8	0	0	0																8	0	0	0
5	25			下季供给五保户															1	0	0	0							7	0	0	0

明细账

第 13 页
户名：贷款

64年		日记账		摘要	收入									付出									余额									
月	日	种类	账页		百	十	万	千	百	十	元	角	分	百	十	万	千	百	十	元	角	分	收或付	余额								
																								百	十	万	千	百	十	元	角	分
3	23			从银行贷款					2	0	0	0	0										收					2	0	0	0	0
				14.下年生产费																												
				15.国家拨款																												
				16.国家税款																												
4	25			交下季农业费款 2 000斤														2	0	0	0	0						2	0	0	0	0

明细账

第 17 页
户名：社员结算

64年		日记账		摘要	收入									付出									余额									
月	日	种类	账页		百	十	万	千	百	十	元	角	分	百	十	万	千	百	十	元	角	分	收或付	余额								
																								百	十	万	千	百	十	元	角	分
6	25			分配给社员小麦													1	3	0	0	0	0	付				1	3	0	0	0	0

花岭大队　实习题

为了使大家更进一步熟悉会计账户和记账方法，现队[对]五星生产队一年来的收入、支出为例，供大家进行实习。

一、五星生产队，一九六三年年终决算后的资金平衡表，也就是实入今年的〈后〉账户余额如下：

来　源　方		运　用　方	
项　　目	金　　额	项　　目	金　　额
固定基金	1 000 元	固定财产	1 000 元
生产费基金	300 元	下年生产费	150 元
公积金	200 元	库存现金	250 元
公益金	80 元	库存物资	600 元 化肥 100 斤＝10 元 芘[蓖]麻 100 斤＝20 元 萝卜 1 200 斤＝30 元 玉米种 1 800 斤＝108 元
		库存粮食	120 元 饲料（玉米）200 斤＝12 元
合　　计	1 580 元	合　　计	1 580 元

二、一九六四年全年财务活动情况：

1. 1 月 2 日李英经手买账簿 7 本，4. 20 元，办公纸一小刀 0. 6 元，墨水一瓶 1. 2 元，给牛称上 10 斤，1. 90 元，给牛买药付 1. 10 元。

2. 1 月 10 日售出上年转来萝卜 1 200 斤共 36 元。

3. 1 月 11 日买柴 200 斤打油用 3 元。

4. 1 月 11 日上年转来芘[蓖]麻 100 斤领去打油。

5. 1 月 13 日打芘[蓖]麻油 50 斤未入库，出售给社员 40 斤共 2 000 元，供给五保户 10 斤共 6 元。

6. 1 月 20 日售给国家生猪一头价 70 元。

7. 1 月 26 日社员张三因病借款 10 元。

8. 1 月 30 日出售三干会麦草 300 斤共 9 元。

9. 1 月 31 日本[木]工组李四喜交回收入 32 元。

10. 2月4日将库存化肥100斤用于麦田追肥。

11. 2月6日买牛一头〈个〉190元，报税8元旅差费2元共200元。

12. 3月18日死牛一头，原个200元，将牛皮肉出售收回30元。

13. 3月23日从银行贷款210元，又买牛一头〈个〉180元，报税12(元)旅差费8元共200元。

14. 3月29日饲养员李圪塔领饲料玉米50斤。

15. 3月30日社员李红领玉米500斤用春播。

16. 3月31日买犁铧3页(原文如此——编者注)共1.50元(未入库立即使用)。

17. 6月2日买扫帚5页(原文如此——编者注)1.50元，木铣[木锨]5把5元，牛笼嘴5把1.5元，未入库立即使用。

18. 6月5日买化肥200斤共40元，买农药50斤共5元，未入库。

19. 6月26日收获小麦20 000斤共2 000元，交公粮2 000斤，出售购粮2 500斤，收现金250元，分给社员13 000斤，供给五保户100斤，转储备粮900斤，留籽种[种子]1 500斤。

20. 6月30日将库存玉(米)种1 300斤，到农场换英粒籽1 300斤用播种，并找差价10.50元。

21. 6月30日买红薯苗6 000苗共6元。

22. 6月30日将库(存)玉米盘存后，缺少10斤，查明属于正当损耗准于[准予]报销，余140斤给牛作[做]了饲料。

23. 6月23日将库存农药50斤用于防治玉米虫，李红经手。

24. 7月27日李红领库存化肥100斤用于玉米追肥。

25. 9月20日收获玉米30 000斤，单价0.07元，共2 100元，分给社员22 000斤，售给国家3 000斤，留储备粮2 000斤，供五保户200斤，留种2 200斤，饲料600斤。

26. 9月30日收到从银行拨来贫队投资款500元。

27. 9月30日出售种子1 000斤共30元，核桃仁100斤共24元，粟子200斤共26元。

28. 10月9日用投资款400元，购铁丝、钢千[钎]子、称药当即使用，于价水磨。

29. 10月29日将库存小麦1 500斤用于冬播。

30. 10月29日冬播给牛崔[催]膘吃补药共10元,饲养室用煤油5斤共2.50元。

31. 10月30日出售麦草300斤,共9元,立即买成铁铣[铁锨]9把,入库。

32. 11月30日收信用社存款利息50元。

33. 11月30日社员张三姓借款10元,欠粮款20元,作为困难户补助。

34. 11月30日将国家拨款50元,垫付生产费基金。

35. 12月30日付幼林抚育费10元,收干部开会交工资10元。

36. 12月30日将储备粮盘点后多出小麦100斤,决定仍将加为储备基金,同时决定将储备粮玉米200斤,转作生产费基金。

37. 12月30日买办公纸5小刀,2.50元,墨水5瓶1.00元,···个,5.50元,共9元,同时归还贷款210元,收社员下李欠缺粮款130元,储备多余玉米1 000斤收现70元,再付社员下李余额补款165元。

付

付农业生产

关于我队

花岭公社,花冬[岭]大队

李福政肉头姓(原文如此——编者注)

一九六四年十二月二十三日

账户余额平衡表

收　　方		付　　方	
项　　目	金　　额	项　　目	金　　额
农业收入	4 158元	农业生产费	344.9元
林牧副收入	172元	林牧副费用	3元
其他收入	56元	管理费	14元
公积金	420元	其他费	0.6元
公益金	20元	国家税款	200元 637.24元
生产费基金	364元	社员结算	2 835.40元 3 472.62元
储备粮基金	226元	下年生产费	150元

续 表

收方		付方	
项目	金额	项目	金额
国家拨款	50元	库存现金	673.12元 45.88元
		库存物资	395元
合计	5 046元	合计	5 046元 4 626元

收益分配方案

项目	金额	项目	金额
一、总计收入	4 386	1. 国家税款	200
1. 农业收入	4 158	占收入%	
2. 林牧付[副]收入	172	2. 公积金	219.3
3. 其他收入	56	占收入%	5
二、费用总计	362.5	3. 公益金	131.60
1. 农业生产费	344.9	占收入%	3
2. 林牧付[副]费用	3	四、社员分配	3 472.60
3. 管理费	14	占收入%	
4. 其他费	0.6	参加分配的总工分	15 200
三、分配总计	4 023.5	每个日值	0.228 46
占收入%			

图书在版编目(CIP)数据

中国当代民间史料集刊. 5/ 华东师范大学中国当代史研究中心编. —上海：东方出版中心，2011. 10(2025. 3 重印)
ISBN 978-7-5473-0280-4

Ⅰ. ①中… Ⅱ. ①华… Ⅲ. ①中国-现代史-史料
Ⅳ. ①K270. 6

中国版本图书馆 CIP 数据核字(2010)第 256925 号

中国当代民间史料集刊. 5

出版发行：东方出版中心
地　　址：上海市仙霞路 345 号
电　　话：021-62417400
邮政编码：200336
经　　销：全国新华书店
印　　刷：上海万卷印刷股份有限公司
开　　本：710×1020 毫米　1/16
字　　数：240 千
印　　张：15. 25
插　　页：2
版　　次：2011 年 10 月第 1 版　2025 年 3 月第 2 次印刷
ISBN　978-7-5473-0280-4
定　　价：58. 00 元